Eiko Moritaの
フランス料理教室

家庭で楽しむ魔法のダシ

20周年を迎えて

日 常 こ そ 豊 か に

　Eiko Moritaフランス菓子・料理教室は2019年にオープン20周年を迎えることができました。この節目をよい機会とし「家庭でも本物のフランス料理を作ること」を目標に試行錯誤してまいりましたエイコ・モリタのメソッドを一冊にまとめました。

　私の大好きなフランス料理は、フランス各地で代々受け継がれ、長年愛されてきたトラディショナルな料理です。レストランでも家庭でも日々楽しまれているお料理。心も身体も元気にする、しみじみほのぼの何度でも食べたくなるフランス料理です。
　この本では、フランスで愛されているメニュー、旅で出会った地方の料理やお菓子を中心に、春夏秋冬の季節ごと、前菜・メイン（肉・魚）・デザートのコースでご紹介しています。クリスマス、アラカルトのお料理と自由に組み合わせても楽しんでいただけます。

　フランス料理には様々な調理方法がありますが、基本は「シンプルで合理的」。食材の美味しさを最大限に生かす基本的な技法に、様々な味と仕掛けを加えていく足し算の料理です。特に欠かせない存在が「フォン（ダシ）」です。家庭で気軽に作れて幅広いお料理に適した「フォン・ド・ヴォライユ（鶏のダシ）」の作り方を詳しくご紹介しています。
　バリエーションを広げるピザ生地、ブリオッシュ生地の作り方も加えました。主菜にもデザートにも変身するパン生地です。

　長い歴史と文化、豊富な食材を誇るフランスの食の世界には、バリエーションと楽しみ方が無限に広がっています。パリの街並みに溶け込むエレガントなカフェやビストロ、地方の郷土料理、名産のワインやお酒、パンにチーズ、チョコレート、お菓子。ただ美味しいだけでなく、食＝人生を楽しむためのエッセンスやパッションに溢れています。
　この本を手に取ってくださる皆さんにとって、フランス料理がより身近な楽しみに、そして日常をより豊かに過ごす一助になればと願っています。

Eiko Moritaフランス菓子・料理教室 主宰
フランス料理・菓子研究家　森田英子

Eiko Morita のフランス料理教室

- 03　20周年を迎えて
- 06　Eiko Morita フランス菓子・料理教室へようこそ

基本メソッド

- 08　1. 長年愛用している調理道具たち
- 10　2. フランス料理に欠かせない調味料
- 11　3. 調理の3つのポイント
- 12　フォン・ド・ヴォライユ
- 14　ブリオッシュ生地
- 15　ピザ生地

季節を楽しむフランス料理

春
Menu Printemps
マルシェに並ぶ新鮮な春食材を楽しむ

- 22　アボカドのムース　蟹のサラダ添え
- 24　ホワイトアスパラガスのサラダ
- 26　春の野菜サラダ
- 28　春人参のポタージュ　クミン風味
- 30　ステーク・アッシェ　ポム・フリッツ添え
- 32　鯛のポワレ　春キャベツ添え
- 34　リ・オ・レ　バニラ風味
- 36　クレメ・ダンジュー

夏
Menu Été
パリの街角シャンパンで華やかに

- 40　夏野菜のラタトゥイユ風
- 42　ヴィシソワーズ
- 44　メロンと生ハムのサラダ
- 46　ピサラディエール
- 48　仔羊のロティ　タイム風味
- 50　スズキのポワレ　ソース・ヴィエルジュ
- 52　チェリーのクープ
- 54　グラニテ・フロマージュ・ブラン

秋
Menu Automne
フランスの地方料理を楽しむ
ブルゴーニュやボルドーのワインと一緒に

- 58　シピロン（バスク地方）
- 60　エスカルゴのブリオッシュ（ブルゴーニュ地方）
- 62　シャンピニオンのア・ラ・クレーム
- 64　ムール貝の白ワイン蒸し　サフラン風味（ノルマンディー地方）
- 66　クネル・リヨネ（ローヌ・アルプ地方）
- 68　カスレ（フランス南西部）
- 70　リンゴのタタン風（ソローニュ地方）
- 72　ガレット（ブルターニュ地方）

冬
Menu Hiver
家族で囲む温かい食卓

- 76　白身魚のカルパッチョ
- 78　チーズとハムのスフレ
- 80　トマトのファルシ
- 82　ソシソン・ブリオッシュ
- 84　牛頬肉の赤ワイン煮
- 86　牡蠣のグラタン
- 88　みかんのソルベ
- 90　ショコラ・ショー

クリスマス
Menu Noël
クリスマスに楽しむご馳走メニュー

- 94　ホットワイン
- 96　サツマイモとリンゴのポタージュ
- 98　ロックフォールのグジェール
- 100　フィレンツェ風半熟卵のグラタン
- 102　サーモンとクリームチーズのサンドイッチ
- 104　ローストチキン
- 106　ビュッシュ・ド・ノエル

アラカルト
A la cartes
フランスで愛される定番料理を中心に、
お薦めのメニューをご紹介します

- 110　蜂蜜とライムのサングリア
- 112　レンズ豆のサラダ
- 114　キャロット・ラペ
- 116　イワシのエスカベッシュ
- 118　グラタン・ドフィノア
- 120　オニオン・グラチネ
- 122　ゴボウのポタージュ　鴨のスライス添え
- 124　パエラ
- 126　鶏のフリカッセ　エストラゴン風味
- 128　ローストポーク
- 130　プディング
- 132　ワッフル

フランス食巡りの旅

- 138　第1回フランス研修旅行
  　　　ボルドーとバスク地方　旅の始まり
- 144　第4回研修旅行
  　　　南仏プロヴァンス
- 150　第16回研修旅行
  　　　ミディ・ピレネー　ペリゴール地方
- 156　第17回研修旅行
  　　　アルザス地方

- 162　感謝を込めて

Eiko Morita フランス菓子・料理教室へようこそ

横浜・元町で20周年を迎えた私の教室をご紹介します。

教室のテーマ

家庭でも作れる本格的なフランス料理やフランス菓子を、明快に実習する
フランス料理・フランス菓子を通じて人生をより豊かに楽しむ

作り方の基本を学ぶことで、家庭でも本格的な味を楽しむことができます。基本の知識や技術をただ学ぶだけでなく、フランス食文化への理解を深めることで、普段の生活に楽しく取り入れることを目指しています。

フランス料理教室

フランスを代表するベーシックな料理を中心に、季節にあったメニューを学べる1年カリキュラム。1クラス5名までの少人数制。

1レッスンで4品(前菜2・主菜・デザート)を実習し、試食します。料理の基本(フォンの取り方・食材の扱い方)から調理の技術(切り方・焼き方・煮込み方など)、仕上げ(ソース・盛り付け)まで実習します。大切なポイントを押さえることで、失敗せずに本格的なフランス料理が作れます。
○レッスン内容：料理とレシピの説明 → デモンストレーションと実習 → 試食

フランス菓子教室

代表的なフランス菓子を中心に、5分野(ムース・ババロア/焼き菓子/シュー/パイ/トゥレ・トゥール)を学ぶ1年コース。1クラス4名までの少人数制。

正しい基本(器具・計量・素材の知識)を学びながら、技術(混ぜ方・泡立て方・伸し方、焼き方)を磨くことで、必ず美味しいお菓子が作れます。季節のケーキを各自1～2種類を実習し、お持ち帰りいただきます。
○レッスン内容：レシピの説明 → デモンストレーションと実習 → まかないランチ → 試食

● 年間予定

12月：特別講習 クリスマスケーキ　**1～2月**：特別講習 チョコレート
不定期開催：特別講習　マカロン / パイ生地 / パン / ロールケーキ　**6～8月頃**：フランス研修旅行

Memo

- ●料理・菓子教室共に月1回／1年カリキュラム(内容は1年毎に変わります)
  10時～14時頃まで　火～日曜(要相談)／料理のみ土曜日夜間クラス(16時～20時)
- ●ホームページ：eikomorita.la.coocan.jp/　●問い合わせ先：☎045-681-6155　✉eikomorita@nifty.com
- ●お菓子販売：火～日曜　10:00～18:00

Eiko Morita
フランス料理教室
基本メソッド

家庭で本格的なフランス料理を作るために

1

長年愛用している調理道具たち

教室で大切に使っている主な調理道具をご紹介します。
軽くて手入れがしやすく、機能的なプロ仕様のもの。フランス料理の調理道具はお洒落で、キッチンにあるだけで楽しくなります。包丁と鍋類は何種類も揃え、調理の内容で使い分けています。鍋・フライパンはそのままオーブンに入れ調理できるものを使っています。

包丁

①**牛刀**（刃渡り21cm、ステンレス製）：万能で便利

②**鶏さばき用包丁**（刃渡り10cm程度）：肉・魚をさばく

③**ソールナイフ**：魚の5枚おろし用

④**プティ・クトー**：仕上げなど細かい作業に

⑤**クトー・シ（ギザ包丁）**：パンを切る・お菓子の生地をスライスする

鍋類

片手鍋

1. アルミ製鍋（蓋付き、直径15cm／深さ9cm）
　茹でる・炒める・揚げる・炊く・ソースを作る。出番が多い。

2. 銅鍋（内側はステンレス仕上げ）
　フランス料理ならではの鍋。キッチンにあるだけで楽しい。
　（直径9cm／深さ5cm）：主に溶かしバター用
　（直径12cm／深さ6cm、直径15cm／深さ7cm）：茹でる・ソースを作る・炒める・揚げる・炊くなど。量によって使い分ける。

3. ソース専用の銅鍋
　（直径16cm／深さ7cm、直径21cm／深さ8cm）
　全体が厚手で焦げにくく、火の当たりが柔らかい。

両手鍋（ステンレス製、両手付き、蓋付き）

　（直径32cm／深さ20cm）：フォン専用
　（直径28cm／深さ14cm、直径24cm／深さ9.5cm）
　（直径24cm／深さ17cm）：量の多い材料を煮込む・茹でる・オーブン調理など。

フライパン

ご家庭でご使用のフライパンでも大丈夫ですが、鉄製で厚手のものがお薦めです。重さはありますが、保熱力があり焦げ付きにくく、美味しそうな焼き色が付きます。調理後にすぐ水洗いし、火にかけて乾かすと良い状態が保てます。

① フランス製鉄フライパン
　大（直径 28cm／深さ 4cm）
　小（直径 20cm／深さ 3.5cm）
　炒める・焼き色を付ける。オーブン調理にも便利。

② グリルパン
　ステーキやハンバーグ、魚などにしっかりとした焼き模様を付ける。

③ クレープパン：クレープ専用

④ ゴーフリエ：ワッフル専用

その他のよく使う道具

ゴムベラ、プラスチックカード、ホイッパー（大・中・小）、
エキュモアール（大・小）、温度計（100度計、200度計）、
タイマー、バット、網、シノワ、フードプロセッサー

2
フランス料理に欠かせない調味料

塩

素材の味を引き出す大切な調味料。
塩加減と振るタイミングがポイント。
味の決め手となる。

精製塩
下ごしらえ・味付けなど調理一般に
使用
粗塩（ゲランドの塩）
茹でる・煮込み用
フルール・ド・セル（ゲランドの塩）
味のアクセント・隠し味

香辛料

味にめりはりをつけ、素材を引き立
てる。

白黒粒胡椒
挽いて使う：下味・仕上げ・香り付け
粒のまま使う：フォンを取る・隠し味
ナツメグ（ホール）
 仕上げの香り付け

無塩バター

風味とコクを出す・ソースの仕上げ・
綺麗な焼き色を付ける。
教室では明治発酵バターを使って
います。

オイル

オリーブオイル（エキストラバージンオリーブオイル）
炒め用・ドレッシング・マリネ用

ピーナッツオイル
揚げ物・炒め用・ドレッシング

ビネガー

ドレッシングやマヨネーズの酸味・煮詰めてソースの隠し味。教室ではスペイン産の赤ワインビネガー（L'ESTORNELL）を使用しています。すっきりした味わい、はっきりとした酸味が特徴です。

分量の目安

教室（この本）では、材料の分量を全てグラムで表記しています。主な調味料の分量の目安は次の表を参考にしてください。

	計量スプーン小 すり切り1杯分	計量スプーン大 すり切り1杯分
塩	5g	15g
オイル	4g	13g
砂糖	4g	15g
小麦粉	3g	8g
水	5g	15g
ビネガー	4g	13g

ひとつまみの塩や砂糖　約1g

3

調理
おいしい料理を作るために実践している3つのポイント

①調理に不要な水気を取る

食材の味を生かすために大切なポイントです。調理もしやすくなります。

洗った野菜：ざるに上げペーパータオルで水気を拭いてからまな板に移し、調理する。
魚類：まな板の上にペーパータオルを敷いて調理する。まな板に匂いが移らず、滑らない。

②火加減

火加減に常に気を配り、強火、中火、弱火を調理内容で使い分けます。臭い、調理の音、見た目・焼き色、指で触り火の通り具合を見るなど五感で判断することが大切です。

🔥🔥🔥 **強火**：短時間で美味しそうな焼き色を付ける・短時間で煮立てる
🔥🔥 **中火**：煮込む・ほどよく火を通す
🔥 **弱火**：焼き色を付けずに火を通す・焦げ付かないよう長時間、煮込む・ソースを煮詰める

③味見をする

調理中に何度も味見をして、味を確認します。調理の始め、途中、仕上げのタイミングで確かめると、味の変化がよく分かります。美味しいポイントを自分で判断します。

Eiko Morita
フランス料理教室

Fond de volaille

[フォン・ド・ヴォライユ　魔法の鶏ダシ]

　フランス料理の美味しさの鍵を握るのが、ベースとなるフォン（ダシ）です。
フォンには様々な種類があります。例えばフォン・ド・ボー（仔牛のダシ）、
エストファット（デミグラスのベース）、フュメ・ド・ポワソン（魚のダシ）など。
中でも家庭で気軽に作ることができ、幅広い料理に適するのがフォン・ド・ヴォ
ライユ（鶏のダシ）です。
　鶏ガラと野菜を使い自分で取るフォンは、美味しい香りと優しい味わいです。
料理に深みが出て本格フランス料理に近づくだけでなく、心と身体が元気にな
ります。そのままスープに、煮込み用のフォンとして、煮詰めてソースにもなる
まさに"魔法のダシ"。
　長年の試行錯誤を経て完成したEiko Morita流フォン・ド・ヴォライユのレシピ
をご紹介します。

材料　出来上がり 約1.5 リットル

鶏ガラ	3Kg
水	材料がかぶるくらい
タマネギ	300g（小2個分）
ニンジン	250g（1本半分）
セロリ	150g（1本分）
ニンニク	1個
白黒粒胡椒	各10g
粗塩（ゲランドのグロセル）	10g
ブーケガルニ	1束（タイム2枝、イタリアンパセリ5枝、ローリエ2枚、ポロ葱の葉）

両手鍋　直径32cm、深さ20cm、ステンレス製使用

作り方

1.
   タマネギ、ニンジンは皮を剥き、2cm角に切る。セロリは2cm角に切る。ニンニクは丸のまま横半分に切る。ブーケガルニはポロ葱の葉でタイム、ローリエ、イタリアンパセリを包み、タコ糸で縛っておく。白黒粒胡椒はお茶パックに入れてタコ糸で縛る。

2.
   鶏ガラを水でざっと洗って鍋に入れる。鶏ガラがかぶるくらいの水を注ぐ。

3.
   2を強火で沸騰させる。5分くらい煮立ててから浮いてきたあくをひく。

   (注：あくは血と脂です。取り除くことによって、鶏の澄んだ旨みが出てきます。)

   まだ強火です。

4.

   3を10分くらい中火で煮立てたら、1のカットした野菜を入れて再び強火で煮立てる。浮いてきたあくをひく。あくをひいたらそのまま10分くらい中火で煮立て、再び浮いてきたあくをひく。

   (注：野菜を加えることで、野菜の香りと味がフォンに生かされ、さらに美味しいフォンへと変化します。ただし、分量を多く加えてしまうと野菜の甘みが出過ぎて、鶏の美味しい味がぼけてしまいます)

5.
   4に白黒粒胡椒、粗塩も加えて弱火で3時間ほど加熱する。途中時々あくをひく。
   (注：香辛料、ハーブ類を加えるとフォンに軽さと爽やかな香りが加わります。この時点ですでに美味しい黄金の鶏のフォンになっています。いい香りです)

6.

   約3時間後、味見をして美味しく整ったら、シノワでこしてすぐに冷やします。タッパー等に入れて冷凍保存します。

Pâte à brioche

ブリオッシュ生地

ブリオッシュ生地は普通のパン生地よりバターと卵を多く使っていて、風味豊かな味わいです。パンにもお菓子にもなりバリエーションが広がります。ポイントはバターを加える時の生地の温度です。事前に材料をよく冷やし、バターが溶けないよう気を付けます。

材料　出来上がり450g　パンこね機使用

ドライイースト	3g
グラニュー糖	3g
牛乳	30g
全卵	110g（2個分）
卵黄	40g（2個分）
強力粉	140g
薄力粉	60g
塩	4g
グラニュー糖	20g
スキムミルク	10g
バター	100g
打ち粉（強力粉）	適量

作り方

1. 強力粉、薄力粉を一緒に振るって、冷凍庫で冷しておく。

2. 全卵、卵黄を一緒に混ぜ冷蔵庫で冷やしておく。バターを木ベラでクリーム状にする。

3.  ボウルに牛乳を入れ、40度に温める。ドライイーストとグラニュー糖を加え混ぜ、5分くらい予備発酵させる。発酵してきたらボウルを氷水で冷やして10℃以下にする。

4.  パンこね機に1の粉、その上にスキムミルク、塩、グラニュー糖を置き、スイッチを入れて回す。2の卵をボウルの縁から少しずつ加える。

5.  4の生地が一つにまとまったら、さらに6〜7分回してこねる。

6.  2のバター1/4量を加え、バターの照りが消えるまでこねる。次のバター1/4量を加えて同様にこねる。全量を加え照りがなくなったらさらに3分こねる。

7.  こね機から6のボウルを外して蓋をする。20度くらいの涼しいところで約30分1次発酵させ、1.5倍の大きさにする。

8. 台の上に打ち粉をして、7の生地を載せる。両手で全体を押してガス抜きをする。次に生地の両端を持ち上げて90度回し、台の上で全体を押す。これを2回繰り返す。バットに移して冷蔵庫で一晩休ませる。

※休ませた生地は冷凍保存できます。

Pain au lait

ピザ生地

家庭でも簡単に作れるピザ生地です。しっかりこねるともっちりふっくらとした生地になり、格別に美味しいピザができます。焼き温度がポイントです。高温でさっと焼き上げてください。

材料　出来上がり 480g

強力粉	250g
牛乳	130g
ドライイースト	3g
湯40℃	40g
塩	4g
グラニュー糖	10g
オリーブオイル	50g
打ち粉(強力粉)	適量

作り方（パンこね機、または手こね）

1. 強力粉を振るって、冷凍庫で冷しておく。

2.  40度のお湯をボウルに入れ、ドライイーストを加えて混ぜる。発酵してきたらすぐに氷水にあてて、10℃以下に冷やす。

3.  2をパンこね機に入れ、1の粉を加える。その上に塩、グラニュー糖を載せる。牛乳を少しずつ加えながら回していく。全体が一つにまとまってきたら、ピザ生地がボウルの内側にくっつかなくなるまで20分間ほど回す。

手こねの場合は大きなボウルを使い、同様に材料を入れて手でこねる。

4. オリーブオイルを2回に分けて3に加え、オリーブオイルの照りが見えなくなるまで回す。残りのオリーブオイルを加え回し、照りが消えたらさらに8分間回す。なめらかなピザ生地になっている。

5.  4の生地をこね機から出しふたをする。（手こねの場合は布巾をかぶせラップをする。）乾燥しないようにして、27度くらいで40分間発酵させる。

6. 約2倍の大きさになったら生地を取り出し、打ち粉を振った台の上に置く。生地全体を上から軽く手で押して、ガス抜きをする。3回繰り返したら、強力粉を振ったバットに移す。布巾をかぶせてビニール袋に入れ、1時間ほど冷蔵庫で冷やす。

※休ませた生地は冷凍保存できます。

エイコ・モリタのフランス料理教室

季節を楽しむフランス料理

　旬の食材には力がみなぎっています。季節の恵みを味わうことで、私たちも元気をもらえます。ただ美味しいというだけではなく、食べることで生きる活力となり、人生が彩り豊かに楽しくなります。お料理は生きる力です。大切な人たちと楽しい食卓を囲んでください。

　フランス郷土料理や伝統料理は、大切に受け継がれてきた素晴らしい料理です。地域の特産物を守るだけでなく、いつ食べても子どもの頃故郷で食べた味が思い出される家庭料理のようなもの。美味しそうな匂い、家族や友人の顔や声が鮮明によみがえってきます。身体が覚えているのです。何度も味わいたいフランスの"心"のお料理を、ぜひ味わってみてください。

春
Menu Printemps

マルシェに並ぶ
新鮮な春食材を楽しむ

春 Menu Printemps | マルシェに並ぶ新鮮な春食材を楽しむ

Mousse avocat avec salade de crabe

アボカドのムース 蟹のサラダ添え

アボカドと蟹は華やかで贅沢な組み合わせ。春の前菜にぴったりです。
エイコ・モリタのパーティーには必ず登場します。
ベリーヌ風に彩り豊かに組み立てました。

材料　4人分

<アボカドのムース>
- よく熟れたアボカド ……… 2個
- レモン汁 ……………………… 10g
- フォン・ド・ヴォライユ 100g
- 粉ゼラチン ……………………… 2g
- 冷水 ……………………………… 10g
- 塩 ………………………………… 2g
- カイエンヌ・ペッパー* … 適量

<蟹のサラダ>
- 蟹(缶詰め) ………………… 100g
- エシャロット ……………… 10g
- 赤ワインビネガー ………… 5g
- オリーブオイル …………… 5g

<カクテルソース>
- 生クリーム ………………… 80g
- ケチャップ ………………… 20g
- マスタード ………………… 20g
- 塩 …………………………… 1g
- カイエンヌ・ペッパー …… 0.3g

<飾り用>
- ベビーリーフ ……………… 適量

作り方

<アボカドのムース>
1. 粉ゼラチンは冷水を加えてふやかし、30分ほど置く。
2. アボカドは皮をむき、種を取る。レモン汁とともにフードプロセッサーにかけて**ピュレ状***にする。
3. 2にフォン・ド・ヴォライユ 🍲 を加えて、なめらかになるまでさらに回す。
4. 1のゼラチンを湯煎50度くらいで溶かす。3に加え混ぜる。
5. 4をボウルに移して塩、カイエンヌ・ペッパーで味を整える。🥢

<蟹のサラダ>
1. 蟹は缶から出して汁気を切っておく。
2. エシャロットは細かいみじん切りにして1の蟹と合わせ、赤ワインビネガー、オリーブオイルで味を整える。🥢

<カクテルソース>
1. 生クリームは6分立てにし、ケチャップ、マスタード、塩、カイエンヌ・ペッパーを加え混ぜる。🥢

盛り付け

1. アボカドのムースをグラスに絞り袋で絞り入れる。
2. 1のアボカドの上にカクテルソースを流す。冷蔵庫で冷やしておく。
3. 食べる直前に蟹のサラダを2の上に盛り付ける。上にベビーリーフを飾る。

*カイエンヌ・ペッパー：赤唐辛子パウダー
*ピュレ状：野菜や果物をフードプロセッサーにかけ、なめらかで濃度のある液体にしたもの

🍲 フォン　🥢 味見

Salade d'asperges blanches

ホワイトアスパラガスのサラダ

ホワイトアスパラガスはフランスでも高価な食材です。春になるとえぐみが消えて、むっちりと食べ頃になってきます。6月頃までが最盛期。フランスにはアスパラガス専用のお皿があるのをご存じでしょうか？ 春を待つ心はフランスも同じなのですね。

材料　4人分

＜ホワイトアスパラガス＞
フランス産ホワイトアスパラガス　8本
粗塩 ……………………………………… 適量
湯 ………………………………………… 適量

＜ソース＞
半熟卵 …………………………………… 1個
塩 ………………………………………… 2g
白胡椒 …………………………………… 2g
マスタード ……………………………… 15g
赤ワインビネガー ……………………… 10g
フランボワーズビネガー ……………… 5g
オリーブオイル ………………………… 120g
イタリアンパセリ ……………………… 20g

作り方

＜ソース＞

1. 常温の卵と卵がかぶるくらいの水を鍋に入れ、加熱する。沸騰3分で卵を取り出し、水に浸けて冷ます。冷めたら殻をむいておく。
2. ガラスボウルにマスタード、塩、白胡椒、赤ワインビネガー、フランボワーズビネガーを入れる。1の半熟卵を加え、ホイッパーでよく混ぜる。
3. 2にオリーブオイルを少しずつ加え、その都度よく混ぜる。固さが出てきたら塩、白胡椒（分量外）で味を整える。
4. イタリアンパセリはみじん切りにする。

＜ホワイトアスパラガス＞

1. ホワイトアスパラガスの穂先から5cmくらいまでを残して、下は全部皮をむく。皮をむくときはまな板に寝かせて、皮を残さないように丁寧に**エコノム**＊でむく。食べる直前に調理し、茹でたてを提供することが大切。
2. 鍋にたっぷり湯を沸騰させ、粗塩を多めに入れる。静かにグラグラ沸騰している状態で1のホワイトアスパラを入れ、ナイフがスッと通るくらいまで茹でる。

盛り付け

温めた皿に、茹でたてのホワイトアスパラガスを2本盛り付ける。ソースをたっぷりかけ、イタリアンパセリのみじん切りを散らす。

＊**エコノム**：野菜や果物専用の皮むき器

| 春 Menu Printemps | マルシェに並ぶ新鮮な春食材を楽しむ

25

Salade aux légumes de printemps

春の野菜サラダ

パリのパティスリーで食べたタンポポのサラダをイメージしました。日本の春野菜のえぐみ、苦味がタンポポの葉の味わいによく似ています。フランス流にお皿いっぱいに盛り付けて、春の恵みを楽しんで下さい。

材料　4人分

＜野菜＞
- フルーツトマト ………………… 8個
- プチベール ……………………… 4個
- ソラマメ ………………………… 80g
- **セルバチコ*** …………………… 2束
- トレビス ………………………… 4枚
- 菜の花 …………………………… 1束
- スナップエンドウ ……………… 160g
- サラダオニオン ………………… 1/2個
- 茹で筍の穂先 …………………… 120g
- ホタルイカ ……………………… 24匹

＜ドレッシング＞
- 玉葱 ………… 100g（1/2個分）
- レモンの皮すりおろし … 1個分
- レモン汁 ………………………… 30g
- 粒マスタード …………………… 20g
- 赤ワインビネガー ……………… 15g
- バルサミコ酢 …………………… 15g
- オリーブオイル ………………… 60g
- 塩 …………………………………… 6g
- 白胡椒 …………………………… 10挽

作り方

＜野菜＞
1. プチベール、菜の花、スナップエンドウ、さやから出したソラマメは塩を加えた湯でそれぞれ茹でる。すぐに氷水に取り、ざるに上げ軽く塩を振りかけて水気を切る。食べやすい大きさに切りペーパータオルを敷いたバットに重ならないように置く。
2. トレビス、セルバチコは食べやすい大きさにちぎり、氷水に浸けパリっとさせる。すぐに水切りかごに入れ、完全に水気が切れるまでよく回す。ビニール袋に入れて冷蔵庫で冷やしておく。
3. 茹で筍の穂先は5mm厚さにスライスする。トマトは櫛形8つに切る。ホタルイカは目とくちばし、軟骨を取っておく。
4. サラダオニオンは薄切りにする。

＜ドレッシング＞
1. 玉葱はすりおろしてボウルに入れる
2. 1のボウルにレモンの皮のすりおろし、レモン汁、粒マスタード、赤ワインビネガー、バルサミコ酢、塩、白胡椒を入れ、ホイッパーでよく混ぜる。
3. 2にオリーブオイルを少しずつ加え混ぜ、塩、白胡椒で味を整える。

＜仕上げ＞
1. ホタルイカ、筍、トマトはそれぞれにドレッシングを軽くまぶす。
2. 茹でておいた野菜、葉物野菜、サラダオニオンをボウルに入れ、残りのドレッシングを軽く混ぜ合わせる。

盛り付け

皿に野菜を盛り付ける。ホタルイカ、筍、トマトを上に飾る。

＊セルバチコ：別名ワイルドルッコラ

味見

Potage aux carottes printanières au cumin

春人参のポタージュ クミン風味

"ポタージュ"なんて素敵な言葉なのでしょう。かの美食家ブリア・サヴァランもこう書き残しています。「ポタージュこそフランス国民食の根底をなすものだ」と。フォン・ド・ヴォライユでゆっくり煮た春人参の味わいが、心と身体を元気にしてくれます。

材料　4～6人分

<ニンジンのポタージュ>
ニンジン ……………… 700g（3本分）
玉葱 …………………… 100g（1/2個分）
ニンニク ……………………………… 1片
バター ………………………………… 50g
クミンパウダー ……………………… 6g
フォン・ド・ヴォライユ …………… 1ℓ

<仕上げ用>
生クリーム …………………………… 80g
クルトン用食パン …………………… 2枚
ピーナッツオイル ………………… 適量
クミンシード ……………………… 適量

作り方

<ニンジンのポタージュ>
1. ニンジンは皮をむいて縦2つに切り、イチョウ切りにする。玉葱は薄切りにする。ニンニクは芽を取り、粗みじんに切る。
2. 鍋にバターを熱し、クミンパウダーとニンニクを焦がさないよう弱火で炒めて香りを出す。1のニンジン、玉葱を加え中火で約3分炒める。フォン・ド・ヴォライユを加えて煮立てる。煮立ったら弱火にして30分ほど加熱する。
3. 2の野菜が柔らかくなったら火を止め、粗熱を取る。フードプロセッサーに入れて回し、なめらかな**ピュレ状**＊にする。
4. 3を鍋に戻し、塩、クミンパウダーで味を整える。

<仕上げ用>
1. クルトン用の食パンは耳を切り落とし、2cm角にカットする。180度に熱したピーナッツオイルで6～7分きつね色に揚げる。ざるに上げ油を切る。
2. 生クリームは9分立てにする。

盛り付け

温めたスープ皿にニンジンのポタージュを注ぐ。クルトンを5～6個散らす。生クリームをスプーンでクネル状（円錐形）にしてポタージュの中央に置き、クミンシードを飾る。

＊ピュレ状：野菜や果物をフードプロセッサーにかけ、濃度のある液体にしたもの

春　Menu Printemps　｜　マルシェに並ぶ新鮮な春食材を楽しむ

Steak haché aux pommes frites

ステーク・アッシェ ポム・フリッツ添え

フランス版ハンバーグです。気軽に作れて皆大好き。牛赤味肉を包丁で刻んで作ると、格段に美味しくできます。ピーナッツオイルでカリッと揚げたジャガイモが、牛肉の美味しさを引き立てます。シンプルなお料理こそ食材の選び方が大切です。

材料　4人分

＜ステーク・アッシェ＞
- 牛ランプ肉切り落とし … 600g
- 塩 ……………………… 6g
- 玉葱 ………… 200g（1個分）
- オリーブオイル ………… 20g
- 胡椒、ナツメグ ………… 適量
- オリーブオイル（ソテー用）20g

＜ソース＞
- 白ワイン ……………… 100g
- フォン・ド・ヴォライユ 150g
- 生クリーム …………… 80g
- バター ………………… 30g
- 塩 ……………………… 2g
- 胡椒 ………………… 10挽き

＜ポム・フリッツ＞
- ジャガイモ（メークイン）　　　　　800g（3、4個分）
- ピーナッツオイル ……… 200g
- 塩 ……………………… 適量

作り方

＜ステーク・アッシェ＞

1. 牛ランプ肉は5mm角に刻み、包丁でよくたたいて粘りが出たらボウルに移す。玉葱はみじん切りにする。
2. フライパンにオリーブオイルを熱し、1の玉葱を中火で飴色になるまで炒める。甘みが出たらボウルに移し、冷ましておく。
3. 1の肉に塩、胡椒、ナツメグを加えて手でよく混ぜ合わせ、粘りを出す。2の玉葱も加えてさらに練る。
4. 3を4等分して丸める。両手で空気を抜きながら厚さ3cmくらいの丸型にまとめる。中央を少しへこませてバットに置く。1時間ほど、冷蔵庫で冷やす。
5. フライパンにオリーブオイルを熱し、4の肉を入れ中火で焼く。底面に焼き色がついたらそっと裏返す。何回かフライパンのオリーブオイルをすくって、肉の上にかけ**アロゼ**＊する。
6. 裏面にも焼き色がついたら、200度のオーブンに入れて5分ほど焼く。時々手で押さえて焼き加減をチェックする。軽い弾力があり、全体にパーンと張ったくらいで肉を取り出し保温する。

＜ソース＞

1. 肉を取り出したフライパンの油をボウルにあける。
2. 1のフライパンに白ワインを入れ、煮立てる。水分がなくなるまで加熱したら、フォン・ド・ヴォライユを加えてさらに約3分煮立てる。
3. 2をこして鍋に入れ、軽く煮詰める。生クリーム、バターを加えて煮立てる。軽く塩、胡椒して味を整える。

＜ポム・フリッツ＞

1. ジャガイモは皮をむいて、幅1cm角の棒状に切る。水洗いしてざるに上げる。ペーパータオルで水気を拭き取る。
2. ピーナッツオイルを鍋に入れ、180度に熱する。1のジャガイモを入れて、7〜8分カリッときつね色に揚げる。ざるに取りだし、軽く塩を振りかける。

盛り付け

温めた皿にステーク・アッシェを盛り付ける。肉の上にソースをかける。ポム・フリッツをたっぷり添える。

＊**アロゼ**：焼き汁や脂をかけながら肉を調理すること

フォン　　味見

春　Menu Printemps　｜　マルシェに並ぶ新鮮な春食材を楽しむ

Filet de dorade poêlé au chou de printemps

鯛のポワレ 春キャベツ添え

瀬戸内明石海峡で取れた明石鯛を使っています。ふっくらとした身が美味しくてお薦めです。柑橘風味の春キャベツと白ワインソースが鯛の味を引き立ててくれます。随所に織り込まれた美味しさこそ、フランス料理の醍醐味ではないでしょうか。

材料　4人分

＜鯛＞
- 鯛 ……… 4切れ（一切れ　80g位）
- 塩 ……… 2g
- オリーブオイル ……… 20g
- 白胡椒 ……… 適量

＜白ワインソース＞
- エシャロット ……… 60g
- オリーブオイル ……… 30g
- 白ワイン ……… 150g
- 白粒胡椒 ……… 10g
- 生クリーム ……… 120g
- フォン・ド・ヴォライユ ……… 100g
- バター ……… 15g
- 塩 ……… 3g
- 胡椒 ……… 適量

＜付け合わせ　春キャベツ＞
- 春キャベツ ……… 200g（2枚位）
- 粗塩 ……… 適量
- ニンニク ……… 1片
- グレープフルーツの皮 ……… 2むき
- イタリアンパセリ ……… 15g

＜付け合わせ　ジャガイモのグラッセ＞
- ジャガイモ ……… 800g（4個分）
- バター ……… 40g
- サワークリーム ……… 10g
- 塩、胡椒 ……… 適量

作り方

＜鯛の下準備とポワレ＊＞

1. 鯛は両面に塩を振り15分置く。鯛から出た水気はふき取り、胡椒を軽く振る。
2. フライパンで鯛をポワレする。
   フライパンにオリーブオイルを中火で熱し、鯛の皮目を下にして入れる。すぐに火を弱めて皮がパリッとして美味しそうな焼き色が付くまで弱火で焼く。身の厚さの7割ほど火が通ったら裏返す。1分ほど焼いたら、網の上に置き、油を切る。

＜白ワインソース＞

1. エシャロットはみじん切りにする。白粒胡椒は粗く砕く。
2. 鍋にオリーブオイルを熱し、1のエシャロットを色が付かないように弱火で炒める。
3. 2に白ワイン、1の白粒胡椒を加えて弱火で20分ほど煮詰める。フォン・ド・ヴォライユを加え半量になるまでさらに煮詰める。
4. 3に生クリーム、バターを加え軽く煮立て弱火にする。とろみがついたらシノワでこし、塩、胡椒で味を整え、ホイッパーでよく混ぜる。

＜付け合わせ　春キャベツ＞

1. グレープフルーツの皮をふたむきする。鍋に湯を煮立ててグレープフルーツの皮を入れて茹でこぼす。3度繰り返したら、もう一度水と一緒に鍋に入れて、柔らかくなるまで弱火で茹でる。鍋の中で冷まし、冷めたら千切りにする。
2. イタリアンパセリはみじん切りにする。ニンニクは芽を取り、みじん切りにする。
3. 鍋に湯を煮立て、粗塩を加える。キャベツを入れて中火で3分ほど茹でる。すぐに氷水に取り、ざるに上げ水気を切っておく。1cm幅に切る。
4. 鍋にオリーブオイルを熱し、3のキャベツを中火で3分ほど炒める。2のニンニクを加え香りが出たら、塩、胡椒で味を整える。
5. 4に1のグレープフルーツの皮、イタリアンパセリを加えさっと混ぜて火を止める。

＜付け合わせ　ジャガイモのグラッセ＞

1. ジャガイモは皮をむき、4等分に切る。
2. 鍋に、1のジャガイモ、バター、サワークリーム、塩、胡椒、ひたひたより少なめの水を入れる。紙ぶたをしてジャガイモが柔らかくなるまで弱火で15分ほど煮る。
3. 2の紙ぶたを取り、中火で水気を飛ばす。塩、胡椒で味を整える。

盛り付け

温めておいた皿に白ワインソースを2さじ置き、ポワレした鯛を載せる。付け合わせの春キャベツ、ジャガイモを添える。

＊ポワレ：オイルやバターなどで、肉・魚をフライパンで焼くこと

フォン　味見

春　Menu Printemps　｜　マルシェに並ぶ新鮮な春食材を楽しむ

Riz au lait à la vanille

リ・オ・レ バニラ風味

フランス定番のデザート、お米のプリンです。キットを売っているお菓子屋さんも見かけます。バニラ棒を加えることで、お家でも本格的なリ・オ・レが楽しめます。プチっとしたお米の食感がアクセントです。

材料　4人分

＜米を炊く＞
- インディカ米 ……………… 100g
- 水 …………………………… 適量
- 牛乳 ………………………… 400g
- バニラ棒 ………………… 1/2本
- 塩 ……………………………… 1g
- グラニュー糖 ……………… 80g
- バター ……………………… 20g
- すりおろしたレモンの皮 …… 1/2個分

＜仕上げ用＞
- 生クリーム ………………… 100g
- グラニュー糖 ……………… 10g
- 季節のフルーツ、
- バニラアイスクリーム ……… 各適量
- ミントの葉 ………………… 適量

作り方

＜米を炊く＞

1. 深鍋にたっぷりの湯を沸騰させ、インディカ米を入れる。ぐらぐら煮立てながら米の芯が残るくらいに10分ほど茹でる。すぐにざるに上げ湯を切り、水洗いする。再びざるに上げて水を切る。バットにペーパータオルを敷きその上に米を広げて、できるだけ米の水気を取る。
2. 鍋に牛乳、バニラ棒、塩、グラニュー糖、バター、すり下ろしたレモンの皮を全て一緒に入れて沸騰させる。
3. 2に1の米を加える。沸騰したらすぐに火を弱めて極弱火で煮る。木ベラで鍋底を時々こすって、焦げ付かないように静かに煮る。
4. 米が柔らかくなるまで煮ていく。途中少しの牛乳（分量外）を足してもよい。
5. ドロっとした煮汁がほとんどなくなったら火を止める。
6. 5をボウルに移す。氷水にあてて時々混ぜながら、20度まで冷やす

＜仕上げ用＞

1. 生クリームにグラニュー糖を加えて、6分立てにする。

盛り付け

カップにリ・オ・レを盛り付け、生クリームを注ぐ。季節のフルーツ、アイスクリームを添える。ミントの葉を飾る。

味見

Crème d'ange

クレメ・ダンジュー

フランス西部ロワール川のほとりにある町アンジュで生まれた郷土菓子です。地元のお菓子屋では見付からず、宿泊したホテルのシェフに頼んで作ってもらいました。フランスでも地方菓子が消えていくのが現実です。日本で愛されているデザートだと知ったら彼らはきっと驚くことでしょう。

材料　6〜8人分

<フロマージュ・ブランのムース>
フロマージュ・ブラン ……… 300g
生クリーム ……………………… 300g

<イタリアンメレンゲ>
卵白 ……………………………… 60g
グラニュー糖 …………………… 10g
グラニュー糖 …………………… 120g
水 ………………………………… 40g

<ソース>
冷凍フランボワーズ ………… 150g
グラニュー糖 …………………… 50g

<飾り用>
ミントの葉 ……………………… 適量

作り方

<ソース>
1. 冷凍フランボワーズはボウルに入れてグラニュー糖をまぶし、常温に置いて解凍する。解凍したらそのままソースとする。

<フロマージュ・ブランのムース>
1. フロマージュ・ブランはボウルに入れ、ホイッパーで軽くほぐす。
2. 生クリームを7分立てにして、1のフロマージュ・ブランにひとすくい加え全体によく混ぜる。残りの生クリームは2回に分けて加え混ぜる。氷水の上にボウルを置いて冷やしておく。

<イタリアンメレンゲ>
1. 小さな鍋にグラニュー糖120gと水40gを入れ、120度まで煮詰めシロップを作る。
2. 1を煮詰めている間、ミキシングボウルに卵白とグラニュー糖10gを入れ、ハンドミキサー最高速で3分泡立てる。
3. 2へ1のシロップをハンドミキサー最高速で回しながら加えていく。シロップを加え終わったらさらに2分ほど泡立てる。バットに広げて冷凍庫で0度まで冷やす。

<仕上げ>
1. フロマージュ・ブランのムースにイタリアンメレンゲを一度に加え、メレンゲを消さないようにゆっくり全体をホイッパーで混ぜる。保存容器に入れて冷蔵庫で冷やしておく。

盛り付け

フロマージュ・ブランのムースを冷やしておいた皿に盛り付ける。周りにフランボワーズのソースを流す。ミントの葉を飾る。

春 Menu Printemps | マルシェに並ぶ新鮮な食材を楽しむ

夏
Menu Eté

パリの街角
シャンパンで華やかに

Ratatouille de légumes d'été

夏野菜のラタトゥイユ風

夏野菜が主役。何度でも食べたい夏の一品です。マリネ*した野菜の美味しさが際立ちます。冷たく冷やして召し上がってください。

材料　4人分

＜夏野菜＞
- ナス　2本
- ズッキーニ　2本
- 赤パプリカ　2個
- 塩、胡椒　適量
- オリーブオイル　適量
- フォン・ド・ヴォライユ　100g

＜トマトソース＞
- 完熟トマト　1kg
- ブーケガルニ　1束
  （タイム1本、イタリアンパセリ2本、ローリエ1枚、ポロ葱の葉）
- 玉葱　120g（1/2個分）
- ニンニク　2片
- トマトペースト　20g
- オリーブオイル　30g
- 塩　10g
- 胡椒　20挽き
- レモン汁　20g
- バジル葉（仕上げ用）　適量

作り方

＜トマトソース＞

1. トマトはへたを取り、底に十文字を入れる。沸騰した湯で5秒茹でて取り出し、皮をむく。横半分に切り、種を取り出し2cm角にカットする。全体に軽く塩（分量外）を振りかけてざるに上げ、水分を切る。
2. 玉葱はみじん切りにする。ニンニクは芽を取り、みじん切りにする。
3. 鍋にオリーブオイルを熱し、2の玉葱とニンニクを加えて中火で5分ほど炒める。香りが出たら1のトマト、ブーケガルニを加え煮立てる。
4. 3にトマトペーストを加え中火で15分ほど煮詰める。塩、胡椒、レモン汁で味を整える。

＜夏野菜＞

1. ナスは皮をむきへたを付けたまま縦半分に切って軽く塩、胡椒して手で揉み込む。
2. フライパンにオリーブオイルを熱し、1のナスを入れ、中火で両面にきれいな焼き色を付ける。油を軽く切りトマトソースに浸ける。
3. ズッキーニはへたを落とし、縦4つ割りにし半分に切って塩、胡椒する。フライパンにオリーブオイルを熱し、ズッキーニを入れ強火で3分ほど炒め、軽く焼き色を付ける。
4. 鍋にフォン・ド・ヴォライユを入れて煮立てる。3のズッキーニを加え、2～3分煮てからトマトソースに浸ける。
5. パプリカは縦半分に切り、種と白い部分を取り除く。塩を多めに加えた湯で、全体に火が通るまで弱火でゆっくり20分ほど茹でる。皮をむき、水気を切ってトマトソースに浸ける。
6. それぞれを約2時間トマトソースに浸けたら、取り出し冷蔵庫で冷やしておく。

盛り付け

器にトマトソースを敷き、その上にナス、ズッキーニ、赤パプリカを盛り付ける。バジルを飾り、全体にオリーブオイルを振りかける。

*マリネ：果物、野菜、肉、魚に香りを付けるため、アルコールや果汁などに漬けること

| 夏　Menu Été　| パリの街角　シャンパンで華やかに |

41

Vichyssoise

ヴィシソワーズ

暑い夏にぴったり、冷たいジャガイモのポタージュです。
シンプルなお料理ほど、作り方で味にばらつきが出やすいものです。
ジャガイモが熱いうちにピュレ状に。サラッとした舌触りに仕上げます。

材料　4〜6人分

ジャガイモ（メークイン）	600g（3個分）
ポワロ*	200g
フォン・ド・ヴォライユ	400g
牛乳	200g
生クリーム	100g
バター	50g
塩	5g
白胡椒	10挽き
タイム、ローリエ、ナツメグ	各適量
シブレット*	20g

作り方

1. ポワロを薄い輪切りにする。鍋にバターを溶かし、色が付かないように弱火でしんなりするまで炒める。
2. ジャガイモは皮をむき、5mmくらいの厚さにスライスして1に加え、軽く中火で炒める。
3. 2にフォン・ド・ヴォライユ 🍲 を加え、ジャガイモが柔らかくなるまで中火で煮る。
4. ジャガイモが柔らかくなったら、熱いうちにフードプロセッサーに入れて**ピュレ状***になるまで回す。ジャガイモのざらつきを残した方が美味しい。
5. 4をボウルに移し、氷水にあてて20度くらいまで冷ます。
6. 牛乳、生クリームを少しずつゴムベラで静かに混ぜながら、5に加えていく。塩、胡椒、ナツメグで味を整える。🥄　冷蔵庫で冷やしておく。
7. シブレットを小口切りにする。

盛り付け

冷たく冷やしておいたスープを器に注ぐ。シブレットの小口切りをスープの真ん中に飾る。

＊ポワロ：洋ネギ（白い部分のみ料理に使います。緑の葉の部分はブーケガルニを巻くときに使います）。リークともいう
＊シブレット：ネギの一種。チャイブともいう
＊ピュレ状：野菜や果物をフードプロセッサーにかけ、なめらかで濃度のある液体にしたもの

🍲 フォン　🥄 味見

Salade de melon et jambon cru

メロンと生ハムのサラダ

パリのシャンゼリゼ通りでは、一年中あちこちのカフェやレストランの軒先にテーブルが並び、お茶や食事が楽しめます。夏の午後、凱旋門を眺めながらのランチはいかがですか？私の定番は生ハムとメロン。シャンパンをいただきながらパリを満喫します。

材料　4～6人分

＜メロンのガスパチョ＞
青肉メロンの果肉 …… 1/2個分（500g位）
玉葱 …………………… 20g（1/8個分）
セロリ ………………… 10g（1/10本分）
キュウリ ……………… 20g（1/5本分）
ピーマン ……………… 10g（1/8個分）
オリーブオイル ……………………… 20g
タバスコ ……………………………… 少々
塩、胡椒 ……………………………… 適量

＜メロンと生ハム＞
青肉メロン ………………………… 1/2個
生ハム ……………………………… 12枚

＜飾り用＞
ミントの葉 …………………………… 適量
オリーブオイル ……………………… 適量

作り方

＜メロンのガスパチョ＞

1. 青肉メロンは縦半分に切る。1/2個分は種と皮を取り除き3cm角に切る。
2. 玉葱は薄切り、セロリは筋を取って薄切りにする。キュウリは皮をむき、種を取って薄切り、ピーマンは種と白い部分を取り除き薄切りにする。
3. 1、2とオリーブオイルをフードプロセッサーにかけて**ピュレ状**＊にし、ボウルに移す。
4. タバスコ、塩、胡椒で味を整える。　冷蔵庫で充分に冷やしておく。

＜メロンと生ハム＞

1. 残りの青肉メロン1/2個分は種を取り、6等分のくし形に切る。
2. 1のメロンの皮を実に沿って取り除き、斜め切りで5等分に切る。
3. 生ハムは1枚ずつにする。

盛り付け

深皿に、冷やしておいたメロンのガスパチョを盛り付ける。上にメロンの斜め切り4～5切れを置く。生ハムを添えオリーブオイルを回しかける。ミントの葉を飾る。

＊ピュレ状：野菜や果物をフードプロセッサーにかけ、なめらかで濃度のある液体にしたもの

味見

Pissaladière

ピサラディエール

南仏プロヴァンスの美しい村エズで出会った玉葱のピザ。黒オリーブとアンチョビを一緒に載せて焼きます。焼き温度がポイント。できるだけ高い温度でさっと焼き、オリーブオイルをたっぷりかけて焼きたてを召し上がって下さい。

材料　8枚分

- ピザ生地 400g
  - （参照：ピザ生地の作り方）
- 打ち粉（強力粉） .... 適量

<具材>
- バター 60g
- 玉葱 .... 500g（2個分）
- アンチョビ 16枚
- 黒オリーブ（種抜き） 8個
- 塩、胡椒 .... 適量
- オリーブオイル .... 適量

<飾り用>
- ローズマリー .... 適量

作り方

<具材>
1. 玉葱は皮をむいて縦半分にカットし、繊維に沿って薄くスライスする。
2. 鍋にバターを溶かし、1の玉葱を一度に加えて弱火でゆっくり20～30分炒める。次第に褐色になり、量も半分くらいになり甘味が出たら、塩、胡椒して味を整える。　ざるに上げてバターを切っておく。
3. アンチョビは缶から取り出し、縦半分に切る。黒オリーブは瓶から取り出しペーパータオルの上に置いて水気を切る。

<ピザ生地>
1. ピザ生地　を1個50gに切り分けて丸める。乾いた布巾をかぶせておく。
2. 1に打ち粉をして、麺棒で直径10cmくらいの円盤状に伸す。90度ずつ生地を回しながら伸すと、厚さが均等になる。

仕上げ

1. ピザ生地の上にオリーブオイルを塗り、炒めた玉葱を広げる。
2. 1の上にアンチョビを放射状に載せ、真ん中に黒オリーブを飾る。
3. オリーブオイルを全体に回しかけてオーブンで焼く。

焼き方
- 電子レンジーオーブン　300度　7分
- ガス高速オーブン　250度　6～7分

盛り付け

温めた皿に焼きたてのピサラディエールを盛り付け、オリーブオイルを回しかける。
ローズマリーを添える。

パン生地　味見

Agneau rôti au thym

仔羊のロティ タイム風味

仔羊料理は部位によって数々の有名な調理方法があります。その歴史は17世紀にさかのぼります。鞍下肉（くらしたにく）は煮ても焼いても美味しい部位。一つのフライパンでメインと付け合わせを作っていきます。塩加減と焼き加減がポイント。じっくり焼いた仔羊のロティを味わってください。

材料　4人分

＜仔羊のロティ＞
- 仔羊鞍下肉塊 …………… 800g
- 塩 …………………………… 8g
- 胡椒 ……………………… 適量
- タイムの葉 …………… 4枝分
- オリーブオイル ………… 適量

＜付け合わせ＞
- ジャガイモ …… 400g（2個分）
- 玉葱 ………… 130g（1/2個分）
- ニンニク ………………… 8片
- タイムの枝 ……………… 4本
- 塩、胡椒 ………………… 適量

作り方

＜仔羊のロティ＞

1. 仔羊鞍下肉は包丁で骨を外し、脂身を薄く取り除いておく。
2. 1の肉に塩、胡椒して手でもみ込む。タイムの葉を全体にまぶす。フライパンにオリーブオイルを入れて1の仔羊の脂身を下にして置く。火にかけて中火で20分ほど焼く。
3. 2の仔羊を裏返し、3分ほど焼く。200度のオーブンに入れ、約5分焼いて取り出す。20分ほど保温して休ませる。

＜付け合わせ＞

1. ジャガイモは皮をむいて2cm角に切る。ニンニクは芽を取り潰す。玉葱は皮をむいて、4等分のくし形に切る。
2. 仔羊のロティを取り出したフライパンに1の野菜を入れ、フライパンに残った仔羊の脂を絡ませる。
3. 2を火にかけ、弱火でじっくり20分ほど炒める。ジャガイモが柔らかくなるまで火を通し、塩、胡椒で味を整える。

盛り付け

仔羊のロティを2cm厚さにスライスする。軽く塩、胡椒（分量外）して、温めた皿に盛り付ける。付け合わせの野菜、タイムの枝を添える。

Bar poêlé sauce vierge

スズキのポワレ ソース・ヴィエルジュ

イギリスのコーンウォール地方にある海沿いの街パドストウ。有名シェフ、リック・ステイン氏の料理学校で教えていただいたお料理をご紹介します。併設するレストランは予約の取れない人気店です。地元の新鮮な魚貝類を使った料理は、シンプルでカジュアルな仕上げ。フランス料理とはひと味違った魅力があります。

材料　4人分

<スズキのポワレ>
- スズキ …… 4切れ(1切れ150gくらい)
- 塩 …………………………… 4g
- 胡椒 ………………………… 適量
- 溶かしバター ……………… 適量

<ソース>
- オリーブオイル …………… 40g
- **フェンネルシード*** ……… 10g
- レモン汁 …………………… 10g
- **ペルノー*** ………………… 20g
- 醤油 ………………………… 5g
- ニンニク …………………… 1片
- チェリートマト …………… 250g(1パック)
- 塩、胡椒 …………………… 適量
- エストラゴン ……………… 10枝

作り方

<スズキのポワレ>

1. スズキの小骨を抜いておく。皮目に3本切れ目を入れる。
2. 1の両面に塩を振って20分おく。スズキから出た水気をペーパータオルでふいて胡椒を振り、両面に溶かしバターを塗る。フライパンの上に載せ6～7分230度のオーブンで焼く。
3. 2を取り出して、アルミホイルをかぶせ保温しておく。

<ソース>

1. チェリートマトはへたを取り、縦4つ切りにする。ボウルに入れて塩、胡椒で**マリネ***する。ニンニクは縦2つ切りにして芽を取り潰す。
2. フライパンでフェンネルシードを焦がさないように弱火で空煎りする。
3. 2のフライパンにオリーブオイル、レモン汁、ペルノーを加えて煮立てる。醤油、ニンニクも加えて香りが出るまで中火で加熱する。塩、胡椒で味を整える。
4. 別のフライパンにオリーブオイルを熱し、トマトを中火で3分ほど炒める。レモン汁、エストラゴンの葉を加えて1、2分炒める。

盛り付け

温めておいた皿の真ん中にチェリートマトを盛り付け、その上にスズキを載せる。ソースを流す。

*フェンネルシード：アニス風味の香辛料
*ペルノー：スピリッツにアニスなど15種類の香草を用いて風味を加えたもの
*マリネ：果物、野菜、肉、魚に香りを付けるため、アルコールや果汁などに漬けること

味見

Coupe de grace vanille à la sauce cerises

チェリーのクープ

クープとは足付きのグラスカップのこと。アイスクリームやシャーベットにフルーツやソースを楽しく盛り付けて出てきます。シャンティイを添えたり、バリエーションはいろいろ。食卓が華やぐデザートです。

材料　4～6人分

＜アメリカンチェリーの赤ワイン煮＞
- グラニュー糖 …………………… 80g
- 赤ワイン …………………………100g
- 水 ……………………………………50g
- アメリカンチェリー …………… 300g
- シナモンスティック ……………… 1本
- バニラ棒 ………………………… 1/3本

＜グラス・バニーユ＞
- 牛乳 ……………………………… 500g
- 生クリーム ……………………… 100g
- 卵黄 ……………………………… 100g
- グラニュー糖 …………………… 200g
- バニラ棒 ………………………… 1/2本

＜飾り用＞
- ミントの葉 ……………………… 適量

作り方

＜アメリカンチェリーの赤ワイン煮＞
1. アメリカンチェリーの軸と種を取り除く。
2. 鍋にグラニュー糖と赤ワイン、水、1のアメリカンチェリー、シナモンスティック、バニラ棒を入れ加熱する。煮立ったら弱火にして10分ほど煮る。すぐにボウルに移して冷まし、冷蔵庫で一晩漬け込む。

＜グラス・バニーユ＞
1. 牛乳、生クリーム、バニラ棒を手付き鍋に入れて軽く沸騰させる。
2. 厚手の鍋に卵黄とグラニュー糖を入れ、ホイッパーで白っぽくなるまで混ぜ合わせる。1の牛乳、生クリームを少しずつ加え混ぜる。
3. 2を極弱火で、とろみが付くまでホイッパーでゆっくり混ぜ加熱する。時々火から下ろしてよく混ぜ、沸騰させないように気を付ける。
4. 3にとろみが付いたらボウルに移し、氷水にあてて混ぜながら20度まで冷やす。冷蔵庫で2時間ほど休ませる。
5. 4を冷凍庫に入れ、冷やし固める。1時間おきに出しホイッパーでよく混ぜる。これを3回ほど行い冷凍庫で一晩固める。

盛り付け

冷やしておいたクープ容器に、アイスクリームを盛る。チェリーの赤ワイン煮を添え、ミントの葉を飾る。

味見

夏　Menu Eté　｜　パリの街角　シャンパンで華やかに

53

Granité au fromage blanc

グラニテ・フロマージュ・ブラン

フランス産のヨーグルトのようなチーズを使ってシャーベットにしました。
グラニテはお料理の合間のお口直しでもあります。夏のお薦めデザートです。

材料　4〜6人分

牛乳	100g
フロマージュ・ブラン(0%)	250g
30°ボーメシロップ	300g
（水135g、グラニュー糖175gを沸騰させたもの）	
レモン汁	50g
レモン皮摩り下ろし	1/2個分
レモンの薄切り	適量

作り方

1. ボウルに材料を全て入れ、混ぜ合わせる。　冷凍庫に入れる。
2. 1時間おきに出し、ホイッパーでかき混ぜる。3回ほど繰り返して冷凍庫で完全に凍らせる。

盛り付け

冷やしておいたグラスにグラニテを盛り付け、レモンの薄切りを飾る。

味見

Menu Automne

フランスの地方料理を楽しむ
ブルゴーニュやボルドーのワインと一緒に

Chipirons

シピロン ｜バスク地方｜

バスク地方の郷土料理です。スペインに近い海バスクの街サン・ジャン・ド・リュズで食べたシピロンをイメージして、ヤリイカで作ってみました。たっぷり作るとより美味しくできます。

材料　4〜6人分

ヤリイカ(やわらかく小さいもの) … 1kg
ニンジン ………………… 100g（2/3本分）
ニンニク ………………………………… 3片
玉葱 …………………… 130g（1/2個分）
セロリ …………………… 60g（1/2本分）
ブロッコリーの茎 ……… 60g（1/4株分）
オリーブオイル ……………………… 250g
白ワイン ……………………………… 100g
トマトペースト ………………………… 20g
粗塩 …………………………………… 10g
胡椒 ………………………………… 10挽
イタリアンパセリ ……………………… 20g

作り方

1. 野菜は全て2〜3mmのみじん切りにする。
2. イカは皮をむいて内臓、軟骨を取り除く。縦半分に切り、7mm幅に刻む。足も3cm長さに切る。
3. 鍋にオリーブオイルと1のニンニクを入れ、弱火で香りが出るまで炒める。
4. 3の鍋にイカを加え弱火で2〜3分炒めたら、すぐに取りだして保温しておく。
5. 4の鍋に1の野菜を入れ、しんなりするまで中火で10分ほど炒める。
6. 5に白ワインを加え、野菜が粒と感じなくなるまで極弱火で1時間半ほど煮る。
7. 6に塩、胡椒、トマトペーストを加えて混ぜ、味を整える。
8. 7に1のイカを戻し、弱火で2〜3分煮る。イタリアンパセリのみじん切りを加えて混ぜる。容器に移して一晩冷蔵庫で冷やす。

盛り付け

冷やしておいたシピロンを器に盛り付ける。

味見

Escargots en brioche

エスカルゴの
ブリオッシュ ｜ブルゴーニュ地方｜

研修旅行でアルザスのジャムの妖精フェルベールさんの工房を訪れました。お菓子講習の合間に作って下さったエスカルゴのパイの美味しかったこと。メゾン・フェルベールのお菓子やパン、トゥレトゥールは彼女の人柄が出ていて心が和みます。
ブリオッシュ生地で作った私流エスカルゴの温かい前菜。ブルゴーニュの白ワインがよく合います。

材料　8個分

＜生地＞
- ブリオッシュ生地 ……………… 250g
  （参照：ブリオッシュ生地の作り方）
- 打ち粉(強力粉) …………………… 適量
- 全卵(塗り卵用) …………………… 適量

＜エスカルゴバター＞
- エシャロット ……………………… 30g
- イタリアンパセリ ………………… 60g
- フォン・ド・ヴォライユ 🍲 ……… 20g
- レモン汁 …………………………… 20g
- ニンニク …………………………… 30g
- バター …………………………… 120g
- アーモンドパウダー ……………… 10g
- 塩、胡椒 …………………………… 適量

＜エスカルゴ＞
- エスカルゴ ………………………… 24個
- エシャロット ……………………… 60g
- バター ……………………………… 40g
- 白ワイン …………………………… 80g
- 塩、胡椒 …………………………… 適量

作り方

＜生地＞

1. 仕込んだブリオッシュ生地は冷蔵庫で一晩休ませる。
2. 1の生地を麺棒で16×8cm、1.5cm厚さに伸し、直径3cmの丸抜き型で8個抜く。オーブンシートを敷いた天板に並べる。布巾をかぶせておく。
3. 2を20分ほど2次発酵させ1.2倍位になったら、表面に塗り卵をする。予熱しておいたオーブンで焼く。200度で7〜8分。

＜エスカルゴバター＞

1. エシャロット、芽を取ったニンニク、イタリアンパセリはすべて2mmくらいのみじん切りにする。バターは木ベラで柔らかめのクリーム状にする。
2. 1の野菜とその他の材料をバターに加え混ぜていく。塩、胡椒で味を整える。

＜エスカルゴ＞

1. エシャロットをみじん切りにする。
2. 鍋にバターを溶かし、1のエシャロットを入れて炒め、スエ*する。
3. 2にエスカルゴを一度に加えて軽く炒める。白ワインを入れ、ふたをして5分ほど蒸し煮する。ふたを取って水分を飛ばし、塩、胡椒で味を整える。

🍲 フォン　🍞 パン生地　🖌 味見

| 秋　Menu Automne　| フランスの地方料理を楽しむ |

組み立て

1. 冷ましておいたブリオッシュを横半分にカットする。下生地の真ん中を指で軽くくり抜き、エスカルゴを3個置く。エスカルゴソースをその上にスプーンで載せる。
2. 1にブリオッシュの上生地をかぶせ、爪楊枝を上から刺して動かないように止める。
3. 天板に2のブリオッシュを並べる。食べる直前に150度のオーブンで5分ほど温める。

盛り付け

エスカルゴのブリオッシュを温めた皿に盛り付ける。

＊スエ：ふたをして蒸し煮すること

Champinion à la crème

シャンピニオンの ア・ラ・クレーム

秋のパリから届いた茸シャンピニオン・ド・パリを贅沢(ぜいたく)に使い、クリーム仕立てにしました。ワインにぴったり。秋の一品です。

材料　4人分

<シャンピニオン>
シャンピニオン …………… 400g
オリーブオイル …………… 50g
バター …………………… 30g
塩、胡椒 ………………… 適量

<ソース>
オリーブオイル …………… 20g
エシャロット ……………… 60g
ニンニク ………………… 2片
塩、胡椒 ………………… 適量
生クリーム ……………… 150g
フォン・ド・ヴォライユ …… 100g
イタリアンパセリ ………… 20g

<盛り付け用>
バゲットスライス ………… 4枚
バター …………………… 20g

作り方

<シャンピニオン>

1. シャンピニオンは軸を取り、縦半分にして8mm厚さにスライスする。

2. フライパンにオリーブオイルを熱し、1のシャンピニオンを強火で炒める。途中でバターを小さくちぎって加え、きれいな焼き色を付ける。塩、胡椒で味を整える。🖌 ざるに上げ、油を切る。ボウルに移し保温しておく。

<ソース>

1. エシャロットは2mm角のみじん切り、ニンニクは芽を取って2mm角のみじん切り、イタリアンパセリはみじん切りにする。

2. 鍋にオリーブオイルを熱し、1のエシャロット、ニンニクを入れて弱火で3分ほど炒める。生クリームを加え煮立てる。中火で5分ほど煮たら、フォン・ド・ヴォライユ🍲を加えて煮立てる。

3. 2にシャンピニオンを入れ、2～3分煮てソースに味を移す。シャンピニオンを取り出し保温しておく。火を強めてソースを3～4分煮詰める。

4. 3のシャンピニオンを鍋に戻し、2～3分中火で加熱する。塩、胡椒で味を整える。🖌 イタリアンパセリのみじん切りを散らす。

<バゲット>

1. バゲットを1cm厚さにスライスする。バターを塗って180度のオーブンで5分焼く。

盛り付け

温めた器にシャンピニオンをソースと共に盛り付ける。バゲットのトーストを添える。

Moules marinières au safran

ムール貝の白ワイン蒸し
サフラン風味 │ノルマンディー地方│

研修旅行での人気メニューです。黒い殻とオレンジ色の身が鮮やかなムール貝。フランスでは、バケツのような容器に溢れんばかりに盛り付けられ運ばれてきます。サプライズと感動がフランス料理の魅力です。

材料　4人分

ムール貝（殻つき）	1.5kg
セロリ	50g（1/3本分）
エシャロット	50g
パセリ	20g
ニンニク	1片
オリーブオイル	20g
白ワイン	100g
サフラン	1g

作り方

1. ムール貝はよく洗い、ざるに上げ水を切っておく。イタリアンパセリはみじん切りにする。
2. セロリ、エシャロットはみじん切りにする。ニンニクは芽を取り潰す。
3. 大きめの鍋にオリーブオイルを熱し、2 を入れて中火で1〜2分炒める。
4. 3 にムール貝と白ワインを加え、ふたをして強火で3〜4分加熱する。
5. ムール貝の口が開いたら、イタリアンパセリを散らす。煮汁の一部でサフランを溶かし、鍋に戻す。軽くゆすって混ぜ合わせる。

盛り付け

熱々を鍋のまま、または温めた皿に盛り付ける。

味見

Quenelle lyonnaise

クネル・リヨネ ｜ローヌ・アルプ地方｜

美食の街リヨンの伝統料理です。クネルは白身の川魚や仔牛などのムースで作り、甲殻類、ベシャメルなどいろいろなソースで仕上げます。トマトベースのソースはオリーブの風味が爽やか。リヨン出身のシェフに教わったレシピをアレンジしました。

材料　4～6人分

<パナード*>
- 牛乳 ……………………… 150g
- バター ……………………… 30g
- 強力粉 ……………………… 75g
- 塩 …………………………… 0.4g
- 白胡椒 ……………………… 5挽き

<クネル>
- パナード* ………………… 240g
- 鶏のささみ ……………… 200g
- 全卵 ……………… 80g（1.5個分）
- 塩 …………………………… 4g
- 胡椒 ………………………… 10挽
- ナツメグ …………………… 1g

<ソース・フィナンシェール>
- フォン・ド・ヴォライユ ……… 400g
- エシャロット ……………… 30g
- バター ……………………… 30g
- 薄力粉 ……………………… 10g
- トマトペースト …………… 20g
- シャンピニオン …………… 50g
- グリーンオリーブ ………… 50g
- 塩、白胡椒、セルフィーユ ……… 各適量

作り方

<パナード>
1. 強力粉は振るっておく。
2. 手付き鍋に水とバターを入れ、沸騰したら火から下ろす。すぐに1の強力粉を加えて木ベラでよく混ぜる。
3. 2を火にかけて、木ベラで鍋底をこすりながら中火で粉に火を通す。5分ほどよく混ぜながら加熱する。全体がまとまったらラップで包み冷蔵庫で冷やす。

<クネル>
1. 鶏ささみの筋を取って3～4cmの長さに切る。粘りが出るまでフードプロセッサーにかけペースト状*にする。
2. 1へパナードを少しずつ加え、フードプロセッサーで回す。全量加えたらさらに1分回す。ほぐした全卵を一度に加えて2分回す。
3. 2をボウルに移して塩、白胡椒、ナツメグで味を整える。
4. クネルをティースプーン2本でクネル状（円錐形）にする。煮立てた湯でごく軽く茹でる。途中上下を返し、クネルに弾力が出るまで計8分ほど茹でる。
5. 茹で上がったら布巾の上に載せて水気を切り、保温しておく。

<ソース・フィナンシェール>
1. エシャロットをみじん切りにする。シャンピニオンは軸を取り縦4つ切り、グリーンオリーブは種を取り4つ切りにする。薄力粉は振るっておく。
2. 1のエシャロットをバターで薄い色が付き甘い香りが出るまで炒める。薄力粉を加え3分ほど炒める。トマトペーストも加えて1～2分炒める。
3. 2に1のシャンピニオンとグリーンオリーブを加えて2～3分炒める。
4. 3にフォン・ド・ヴォライユを加え煮立てる。弱火にして塩、胡椒を加え、味を整える。

仕上げ

ソース・フィナンシェールに茹でておいたクネルを入れ、ゆっくり弱火で温める。

盛り付け

温めた深皿にクネルとソース・フィナンシェールを盛り付ける。セルフィーユを飾る。

*パナード：つなぎ。シュー生地と同様に作る
*ペースト状：肉、魚、野菜などを調理して練り、すり身にした状態

フォン　味見

秋　Menu Automne　｜　フランスの地方料理を楽しむ

Cassoulet

カスレ ｜フランス南西部｜

フランス南西部の郷土料理です。茹でた白インゲン豆に羊肉、ソーセージ、豚肉などを陶器に入れ長時間煮込んだもの。カオールの赤ワインがよく合います。豆に加える食材は地方によって異なり、カステルノダリー、トゥールーズ、カルカッソンヌの3種類があります。パリでもカスレを食べているご家族を見かけます。郷土料理は永遠の美味しさです。

材料　4人分

＜豚肉＞
豚肩ロース肉塊 ……………… 500g
塩 …………………………………… 5g

＜鴨のコンフィ＞
骨付き鴨モモ肉 2本（1本400g位）
塩 …………………………………… 8g
白胡椒 ……………………………… 20挽
ニンニク …………………………… 2片
コンフィ用の油（サラダオイル）
　　　　　　　　　　　　　　 800g

＜白インゲン豆＞
白インゲン豆 ………………… 250g
ローリエ …………………………… 1枚
水（白インゲン豆漬け用） … 750g
ニンジン ……………… 30g（1/5本分）
玉葱 …………………… 30g（1/8個分）
フォン・ド・ヴォライユ … 800g

＜ソーセージ＞
ホワイトソーセージ ………… 4本

＜豚肉、白インゲン豆煮込み用＞
フォン・ド・ヴォライユ ……… 1ℓ
ニンニク …………………………… 4片
玉葱 ……………… 200g（1個分）
オリーブオイル ………………… 20g

＜仕上げ用＞
パン粉 …………………………… 適量
鴨のコンフィの脂 ……………… 30g

作り方

＜豚肉の仕込み＞
1. 豚肉に塩を振りかけ、手でよく揉み込む。ビニール袋に入れて一晩おく。

＜鴨のコンフィ＞
1. 鴨の骨付き腿肉を関節で2つに切り分ける。塩、胡椒をして、ニンニクのスライスをすり込む。しっかりラップに包んで一晩冷蔵庫で寝かせる。
2. 翌日、1を軽くペーパータオルでふく。
3. 深鍋にサラダオイル、2の鴨を入れ加熱する。煮立てずオイルがぷくっとするくらいに80度を保ちながら、約1時間半煮る。鍋のまま冷ます。

＜白インゲン豆の仕込み＞
1. 白インゲン豆は一晩、分量の水に浸けておく。
2. 玉葱は櫛形に、ニンジンは皮をむいて1cm厚さの輪切りにする。
3. 深鍋に1を移して加熱する。沸騰したらすぐにざるに上げて、茹で汁を切る。
4. 3を鍋に戻し、フォン・ド・ヴォライユ🍲、ローリエ、2のニンジン、玉葱を加える。豆が隠れるように水（分量外）を足す。加熱して沸騰したらあくを引く。約2時間、柔らかくなるまで弱火で煮る。途中出てきたあくは除く。🥄

＜豚肉と白インゲン豆を煮込む＞
1. 一晩冷蔵庫で寝かせた豚肉はさっと洗って水気をふき、5〜6cm角にカットする。ニンニクは芽を取り粗みじん切り、玉葱はみじん切りにする。
2. フライパンにオリーブオイルを熱し、1の豚肉を強火で炒める。全体に美味しそうな焼き色を付けたらざるに上げ、油を切って保温しておく。
3. 深鍋にオリーブオイルを入れ、1のニンニクを中火で炒める。香りが出たら玉葱も加え炒める。2の豚肉を加えてフォン・ド・ヴォライユ🍲、白インゲン豆の煮汁の半分量を注ぎ、沸騰させる。あくを引いたらすぐに弱火にして1時間ほど煮る。
4. 3に白インゲン豆と残りの煮汁を加えてさらに約1時間半、弱火で煮る。🥄

＜ソーセージ＞
1. ソーセージは斜め半分に切る。

組み立て

1. 耐熱性の器に煮込んだ豚肉、白インゲン豆、鴨のコンフィ、ソーセージを入れ、豚肉と白インゲン豆の煮汁と水（分量外）をひたひたに注ぐ。鴨のコンフィを煮た脂を振りかける。
2. 1にパン粉を振りかけて、オーブン160度で1時間焼く。
3. 2を一晩休ませる。パン粉、鴨の脂を振りかけて、もう一度160度のオーブンで30分焼く。

盛り付け

鍋を温めた皿に載せ、食卓へ運ぶ。

🍲 フォン　🥄 味見

Tatin de pommes

リンゴのタタン風 |ソローニュ地方|

タルト・タタンはタタンホテルで生まれたリンゴのタルトです。砂糖を**キャラメリゼ**＊してリンゴを煮るだけで、冬のご馳走デザートになりました。季節のリンゴでしたら種類を選びません。アイスクリームを添えて召し上がってください。

材料　4人分

<リンゴ>
季節のリンゴ ……… 4個（1個250g位）
グラニュー糖 ………………………… 100g
水 ……………………………………… 30g
バター ………………………………… 20g
バニラ棒 ……………………………… 1/2本
レモン汁 ……………………………… 10 g
シナモン ……………………………… 0.5g

<盛り付け用>
粉糖 …………………………………… 適量
アイスクリーム ……………………… 適量
ブルーベリー ………………………… 適量

作り方

1. リンゴは縦のしま模様に皮をむく。縦4つ切りにし、芯を取る。
2. 鍋に水、グラニュー糖を入れ、中火で加熱し薄めの黄色になるまで焦がす。すぐに鍋底を水に浸けて粗熱を取る。リンゴ、バター、レモン汁、半分に裂いたバニラ棒を鍋に入れる。
3. 2に紙ぶたをして中火で20分ほど煮る。リンゴを上下返して、柔らかくなるまでさらに20分ほど煮る。　味が足りなければグラニュー糖、レモン汁を（分量外）を足して2〜3分煮る。シナモンを振りかけて冷ましておく。

盛り付け

皿にリンゴを盛り付ける。粉糖を全体に振りかけ、アイスクリームを添える。ブルーベリーを散らす。

＊**キャラメリゼ**：砂糖をカラメル状に煮詰めること

味見

Galette

ガレット |ブルターニュ地方|

そば粉を使ったクレープ「ガレット」はブルターニュ地方の郷土料理です。ハムやチーズ、卵などの具材を包んで食事として食べられています。デザートとしても様々な楽しみ方があります。ガナッシュとクレーム・シャンティイのデザートガレットをご紹介します。

材料　8枚分

<ガレット生地>
- そば粉 ················· 100g
- 薄力粉 ················· 10g
- 全卵 ··················· 3個
- 牛乳 ··················· 300g
- 塩 ····················· 3g
- 焦がしバター（ガレット生地用）··· 50g
- バター（焼き用）········· 60g

<ガナッシュ>
- 生クリーム ············· 100g
- 水飴 ··················· 10g
- スイートチョコレート ··· 60g
- バニラエッセンス ······· 3滴

<クレーム・シャンティイ>
- 生クリーム ············· 150g
- グラニュー糖 ··········· 15g

<仕上げ用>
- 粉糖 ··················· 適量

作り方

<ガレット生地>
1. そば粉と薄力粉は一緒に振るっておく。
2. ボウルに卵3個を割り入れ、ホイッパーでよくほぐす。グラニュー糖、塩を加えて混ぜる。
3. 1のそば粉と薄力粉を2に一度に加え、ゆっくり混ぜる。牛乳の1/5量を加えて軽く混ぜ、残りの牛乳を2回に分けて加え混ぜる。多少だまができてもよい。
4. 鍋にバターを入れ加熱し、ほんの少し色付く程度に焦がす。3にホイッパーで混ぜながら加えていく。裏ごしして、一晩冷蔵庫で寝かせる。

<ガレット生地の焼き方>
1. フライパンにバター10gを熱し、薄く煙が出たら濡れ布巾にフライパンを置く。ガレット生地の1/8量をフライパンに流し、中火より少し強めの火加減で両面カリッと焼く。

<ガナッシュ>
1. スイートチョコレートを細く刻む。
2. 鍋に生クリームと水飴を入れて、軽く沸騰させる。
3. 1のスイートチョコレートを一度に加え、ホイッパーで静かに混ぜる。
4. 3にバニラエッセンスを加え混ぜる。ボウルに移して冷ます。

<クレーム・シャンティイ>
1. 生クリームにグラニュー糖を加えて、9分立てにする。

盛り付け

ガレット生地の真ん中に大さじ2杯のガナッシュを置き、クレーム・シャンティイをたっぷり載せて手前からくるくると巻く。皿に盛り付け、粉糖を振る。

秋　Menu Automne　｜　フランスの地方料理を楽しむ

Menu Hiver

家族で囲む温かい食卓

| 冬　Menu Hiver | 家族で囲む温かい食卓

Carpaccio de poison blanc

白身魚のカルパッチョ

お刺身好きな日本人にぴったりの前菜です。誰でも簡単に手早く作れます。
塩加減がポイント。お好みの魚で作ってください。

材料　4人分

<魚>
- 白身魚(刺身用サク) …… 300g
- レモン汁 …………………… 15g
- オリーブオイル …………… 10g
- 塩 ……………………………… 2g
- 胡椒 ………………………… 8挽き

<マリネ用野菜>
- 玉葱 ……… 100g (1/2個分)
- ニンジン …… 80g (1/2本分)
- イタリアンパセリ ……… 5本
- ディル …………………… 3本

<アンチョビトースト>
- バゲット ………………… 1本
- アンチョビ ……………… 15g
- ブランデー ……………… 10g
- バター …………………… 100g
- ローズマリー …………… 1枝

作り方

<白身魚のマリネ>

1. 白身魚を薄い削ぎ切りにする。
2. 1をバットに並べて、両面に塩、胡椒を丁寧にする。
3. 玉葱、ニンジンは5cm長さ、2mm厚さの千切りにし、2の魚に振りかける。パセリ、ディルも上に散らす。オリーブオイルを振りかけ**マリネ***する。冷蔵庫で1時間冷やしておく。食べる直前にレモン汁をかける。

<アンチョビトースト>

1. バゲットを1cm厚さにスライスする。ローズマリーは細かく刻んでおく。
2. アンチョビは細かく刻み、ブランデーを振りかける。
3. バターを木ベラでクリーム状にし、2を加えて混ぜる。
4. 3をバゲットに塗る。1のローズマリーを振りかけ、180度のオーブンで5～6分焼く。

盛り付け

マリネしておいた野菜を白身魚で巻き皿に盛り付ける。オリーブオイルを回しかけ、アンチョビトーストを添える。

*マリネ：果物、野菜、肉、魚に香りを付けるため、アルコールや果汁などに漬けること

味見

Soufflé au fromage et au jambon

チーズとハムのスフレ

フランスらしい感動とサプライズに溢(あふ)れたお料理です。メレンゲで生地を膨らませるなんて、一体誰が考えたのでしょう。誰もが好きな組み合わせ、ハムとチーズで作りました。熱々のうちに召し上がって下さい。

材料　9cmココット型　4個分

バター ……………………… 30g	コンテチーズ ……………………… 60g
薄力粉 ……………………… 30g	ハム ……………………… 100g
牛乳 ……………………… 300g	バター ……………………… 15g
玉葱 ……………… 130g（1/2個分）	塩 ……………………… 2g
バター（玉葱炒め用） ……………… 30g	ナツメグ、白胡椒 ……………… 適量
卵黄 ……………… 60g（3個分）	卵白 ……………… 70g（2個分）

作り方

1. 玉葱は3mm角のみじん切り、ハムは1cm角に切る。薄力粉は振るい、コンテチーズは挽いておく。ココット型の内側にバターを塗っておく。
2. 鍋にバターを溶かし、1の玉葱を弱火で10分ほど炒める。牛乳を加えて煮立て、中火で5分ほど加熱する。ボウルにシノワで裏ごす。
3. 別の鍋にバターを溶かし、1の薄力粉を加えてよく混ぜながら、弱火で加熱する。
4. 3の粉がサラサラとしたら、小さめのホイッパーで絶えず混ぜながら、2の牛乳を5回に分けて加えていく。ダマができないようによく混ぜる。全量加え終わったら、混ぜながら5分ほど煮詰める。塩、胡椒で味を整える。
5. 4の生地の一部で卵黄を溶き、生地に戻してよく混ぜる。
6. 1のコンテチーズを5に一度に加えて混ぜる。
7. フライパンにバターを溶かし、1のハムを中火で軽く炒める。6の生地に混ぜ合わせて、ボウルに移す。
8. 深ボウルに卵白を入れ、ハンドミキサー最高速で2分泡立てる。
9. 8のメレンゲを7の生地にひとすくい加えて、ホイッパーでよく混ぜる。残りのメレンゲも一度に加えて、ゆっくり全体を混ぜる。
10. 9の生地をココット型に均等に入れて、表面を平らにする。ココット型の縁を指で一周なぞって溝を付ける。170度のオーブンで18分焼く。

盛り付け

焼きたてのスフレを温めておいた皿に載せ、すぐに食卓へ運ぶ。

味見

冬　Menu Hiver　家族で囲む温かい食卓

Tomates farcies

トマトのファルシ

ファルシは肉、魚、野菜などを詰めたり包んだりする料理です。フォン・ド・ヴォライユの旨味いっぱいのクスクスをトマトに詰めました。しみじみとした優しい味わいです。

材料　4人分

<トマト>
- トマト …… 4個（1個250g位）
- 塩、胡椒 …………………… 適量

<クスクス>
- クスクス ………………… 100g
- オリーブオイル ………… 10g
- 塩 …………………………… 1g
- 湯 ………………………… 150g

<クスクス煮込み用>
- オリーブオイル ………… 15g
- ニンニク ………………… 2片
- 玉葱 ……… 100g（1/3個分）
- フォン・ド・ヴォライユ
  ……………………………… 300g
- 塩、胡椒 ………………… 適量
- イタリアンパセリ ……… 20g

<仕上げ用>
- オリーブオイル ………… 適量

作り方

<トマト>
1. トマトをへたから1/3の位置でカットする。下の2/3部分は皮を傷付けないように、トマトの身をスプーンで浅目にくり抜く。くり抜いた身は刻んで塩、胡椒し、網に上げて水気を切っておく。クスクスの煮込みの最後に加える。
2. トマトの切り口に塩、胡椒を多めに振り30分おく。
3. 2のトマトの切り口を下にして網の上に置き、水分を切る。

<クスクスの戻し方>
1. クスクスを耐熱性ガラスボウルに入れ、分量の湯を一度に加えて混ぜ、ラップをして30分ほどおく。
2. 1に塩、オリーブオイルを加えて混ぜ、電子レンジで3分加熱する。

<クスクスの煮込み>
1. ニンニクは芽を取り2〜3mmのみじん切り、玉葱、イタリアンパセリも2〜3mmのみじん切りにする。
2. 鍋にオリーブオイルを熱し、1のニンニクと玉葱を入れ中火で焦がさないように5分ほど炒める。
3. 2にフォン・ド・ヴォライユを加えて10分ほど煮詰め、塩、胡椒で味を整える。
4. 3に戻しておいたクスクスを加えて3分煮る。網に上げておいたトマトとイタリアンパセリのみじん切りを加えて混ぜる。

仕上げ
1. トマトにクスクスをこんもり詰め、へたの部分をかぶせてフライパンに載せる。オリーブオイル（分量外）を振りかけて200度のオーブンで15分ほど焼く。バットに移し保温する。
2. 1のフライパンに残ったトマトの汁を5分ほど弱火で煮詰める。塩、胡椒、オリーブオイルで味を整える。

盛り付け
温めておいた皿にトマトと煮詰めた汁を盛り付ける。オリーブオイルを全体に回しかける。

Saucisson en brioche

ソシソン・ブリオッシュ

美食の街リヨンには数多くの郷土料理があります。ソーセージのブリオッシュ生地包み焼きはその一つ。有名なソーセージのセルブラ、ブータンブランが使われています。手作りのブリオッシュ生地で作りました。

材料　8本分

＜生地＞
ブリオッシュ生地 …………………… 400g
　　（参照：ブリオッシュ生地の作り方）
打ち粉（強力粉）……………………… 適量

＜ソーセージ＞
ソーセージ‥8本（10cm長さ、直径2cm位）
マスタード ……………………………… 80g
強力粉 …………………………………… 適量
全卵（塗り卵用）……………………… 適量

＜仕上げ用＞
ブリオッシュ生地の余り …………… 適量

＜飾り用＞
タイム枝 ………………………………… 8本

作り方

1. 仕込んだブリオッシュ生地🍞は冷蔵庫で一晩休ませる。
2. 1の生地を8等分にカットする。1個を10cm幅、14cm長さ、厚さ2mmくらいの長方形に伸す。
3. ソーセージ全体にマスタードを塗る。
4. 2の生地の手前に3のソーセージを載せ、強力粉を薄く振る。
5. 4を手前から一巻きする。巻き終わりの生地に卵を刷毛を塗って閉じる。
6. 5の両端を指で閉じ、余分な生地を切り取る。
7. 形を整えて巻き終わりを下にする。生地全体に卵を塗る。
8. 余り生地を幅2cm、長さ6cm、厚さ2mmの長方形に伸す。
9. 8を7の上に載せる。6カ所ほどナイフの先で上から**ピケ***し、7の生地に付ける。
10. 9の表面に塗り卵をして、フォークの背で矢羽の模様を付ける。28度くらいのところで20分ほど発酵させる。
11. もう一度全体に塗り卵をして、180度のオーブンで15分焼く。表面にきれいな焼き色が付けばよい。

盛り付け

皿に焼き上がったソシソン・ブリオッシュを盛り付け、タイムを添える。

***ピケ**：生地を焼く際、浮き上がらないように小さな穴を開けること

| 冬　Menu Hiver | 家族で囲む温かい食卓 |

Boeuf Bourginion

牛頬肉の赤ワイン煮

フランスを代表する牛肉の煮込み料理です。地域によって使うワインやお酒の種類で料理の名前も変わります。南仏ではロゼまたは白ワイン、オレンジの皮やオリーブが入ります。フランドル地方ではビールで煮込みます。各地方の名産物で楽しまれていることがとても興味深いです。

材料　4〜6人分

＜牛肉の煮込み＞
- 牛頬肉 ……………………… 1kg
- 塩、胡椒 …………………… 適量
- オリーブオイル ……… 20g+20g
- 玉葱 ……………… 180g（3/4個分）
- ニンジン ………… 250g（2本分）
- セロリ …………… 90g（1/2個分）
- ニンニク …………………… 3片
- 強力粉 ……………………… 10g
- コニャック ………………… 30g
- 水 ………………………… 100g
- トマトペースト …………… 30g
- 赤ワイン ………………… 600g
- フォン・ド・ヴォライユ … 1ℓ
- 黒、白粒胡椒 ………… 各3g
- コリアンダーシード ……… 3g
- 粗塩 ………………………… 8g
- ブーケガルニ ……………… 1束
  （タイム1本、イタリアンパセリ3本、ローリエ1枚、ポロ葱の青い部分）
- ナツメグ …………………… 適量

＜仕上げ用＞
- 赤ワイン ………………… 100g

＜マッシュポテト＞
- ジャガイモ（メークイン）
  ……………… 750g（3個分）
- 水 …………………………… 適量
- バター ……………………… 80g
- 牛乳 ………………………… 50g
- 生クリーム ………………… 50g
- 塩、胡椒、ナツメグ ……… 適量

＜飾り用＞
- イタリアンパセリ ………… 20g

作り方

1. 牛頬肉は2日間水に浸け、血抜きをする。ビニール袋に水と牛頬肉を入れて冷蔵庫で保存する。1日に3回ほど水を取り換える。
2. 黒、白粒胡椒を粗く潰して**ポワブルミニョネット**＊を作る。
3. 1の牛頬肉の水気をペーパータオルでふき取り、5〜6cm角に切る。強めに塩、胡椒をして手でもみ込む。玉葱、ニンジン、セロリは2cm角、ニンニクは芽を取り、粗いみじん切りにする。
4. フライパンにオリーブオイルを熱し、3の牛頬肉を入れて強火で炒める。濃いめの焼き色が付いたら、ざるに上げて油分を切っておく。
5. 4のフライパンにオリーブオイルを足し、3の野菜を加え美味しそうな焼き色が付くまで強火でよく炒める。強力粉を加えて、さらに2〜3分炒める。火を止めて4の牛頬肉を戻す。
6. 5にコニャックを注ぎ、強火で**フランベ**＊して風味を付ける。炎が消えたら深鍋に野菜、牛肉を移す。フライパンに水を加えて強火で加熱し**デグラッセ**＊する。デグラッセした汁も深鍋に入れる。
7. 6に赤ワインを加え、沸騰させてから3分間煮立てる。フォン・ド・ヴォライユも加えて強火で加熱する。煮立ったらあくを取り、トマトペースト、粗塩、ポワブルミニョネット、コリアンダーシード、ブーケガルニを加え再度煮立てる。浮いてきたあくをすくい取り火を止める。
8. 7にふたをして180度のオーブンで90分加熱する。オーブンを使わない場合は、ふたをしないで極弱火で約3時間煮る。途中浮いてくるあくと脂を何度も取り除く。
9. 8の牛頬肉がすっと串が通るくらいの柔らかさになったら、取り出して保温しておく。煮汁はシノワでこす。一緒に煮込んだ野菜もレードル等で押さえてできるだけこす。
10. 9でこした煮汁は鍋に戻して煮立てる。すぐに火を弱め煮汁につやが出るまで極弱火で煮詰める。浮いてきた脂とあくは丁寧に取り除く。
11. 10に仕上げ用の赤ワインを加えて煮立たせ、塩、胡椒で味を整える。
12. 11の鍋に牛頬肉を戻し、5分ほど中火で煮て味をなじませる。

＜マッシュポテト＞

1. 鍋に皮付きのジャガイモとひたひたの水を入れ、すっと串が入るまで加熱する。
2. 1のジャガイモが柔らかくなったら取り出し、皮をむいてざるで裏ごす。ボウルに移し、熱いうちにバターを加えて木ベラで混ぜる。
3. 鍋に牛乳、生クリームを軽く煮立たせて、2を加え木ベラでそっと混ぜ合わせる。塩、胡椒で味を整える。

＜飾り用＞

1. イタリアンパセリはみじん切りにする。

盛り付け

温めた皿に牛頬肉の赤ワイン煮を盛り付け、ソースをかける。マッシュポテトを添える。肉の上にイタリアンパセリを飾る。

＊**ポワブルミニョネット**：粗く砕いた粒胡椒
＊**フランベ**：肉や果物にアルコール（コニャックなど）を振りかけ火を着け、アルコール分を飛ばして香りを付けること
＊**デグラッセ**：水やワインを入れ、鍋に付いた煮汁や肉汁を溶かすこと

Huitres gratinées

牡蠣のグラタン

2種類のソースを使った贅沢なグラタンです。牡蠣(かき)の下準備がポイント。よく洗って軽く火を通してから調理します。幾つもの味の仕かけから生まれる美味しさは、フランス料理ならではです。

材料　4人分

<シャンピニオン>
シャンピニオン ………… 200g
オリーブオイル ………… 20g
塩、胡椒 ………………… 適量
パセリみじん切り ……… 10g

<牡蠣>
牡蠣 ……………………… 600g

<グラタン用ソース>
エシャロット …………… 40g
オリーブオイル ………… 10g
白粒胡椒 ………………… 5g
白ワイン ………………… 150g
フォン・ド・ヴォライユ
　………………………… 300g
生クリーム ……………… 100g

<ソース・サバイヨン>
卵黄 ……………… 40g（2個分）
湯 ………………………… 40g
澄ましバター* …………… 80g
塩、胡椒 ………………… 適量

<仕上げ用ソース>
グラタン用ソース … 約200g
ソース・サバイヨン　約100g
パセリみじん切り ……… 20g

*ポワブルミニョネット：
　粒胡椒を粗く潰したもの

*澄ましバター：バターを湯煎で完全に溶かし、下に沈んだ乳しょうが混ざらないように上澄みだけを取り分けたもの

作り方

<シャンピニオン>
1. シャンピニオンは軸を取り縦半分にし、一つを3等分にする。
2. フライパンにオリーブオイルを少し煙が出るくらいに熱し、1のシャンピニオンを入れソテーする。軽く塩、胡椒して味を整える。
3. パセリのみじん切りを加え混ぜる。ボウルに移して保温しておく。

<牡蠣>
1. 鍋にたっぷりの湯を沸騰させる。
2. 牡蠣のひだを下にして持ち、1の湯の中で振り、ごみを落とす。ふっくらしたらざるに上げて水気を切る。

<グラタン用ソース>
1. 白粒胡椒を粗く潰して**ポワブルミニョネット***を作る。エシャロットはみじん切りにする。
2. 鍋にオリーブオイルを熱し、1のエシャロットを弱火で5分ほど炒める。白ワイン、ポワブルミニョネットを加えて、水分がほとんどなくなるくらいまで煮詰める。
3. 2にフォン・ド・ヴォライユを加え、中火で半分量に煮詰める。生クリームも加えて、さらに半分量まで煮詰める。
4. 3に牡蠣を入れ、中火で3分ほど加熱する。牡蠣を取り出し保温しておく。
5. 4のソースはさらに半分量まで煮詰める。塩、胡椒で味を整える。

<ソース・サバイヨン>
1. 底の厚い小さめの鍋に卵黄と湯を入れ、極く弱火にかける。ホイッパーで泡立てながら、もったりとろみが付くまで加熱する。
2. 1を火から下ろし、ホイッパーで絶えずかき混ぜながら、60度に温めた**澄ましバター***を少しずつ加える。バターと卵黄を分離させないよう、1回加える毎に手早くよく混ぜる。全量加えたら塩、胡椒で味を整える。

<仕上げ用ソース>
1. グラタン用ソースとソース・サバイヨンをボウルに入れる。ホイッパーでよく混ぜ、塩、胡椒で味を整える。
2. パセリのみじん切りを加え混ぜる。

仕上げ

1. 器にシャンピニオンの1/4量を平らに敷く。
2. 1の上に牡蠣を3～4個並べ、仕上げ用ソースを全面にかける。
3. 250度で予熱しておいたオーブンで3、4分焼き、表面に美味しそうな焼き色を付ける。

盛り付け

温めておいた皿に焼きたてのグラタンを載せる。

フォン　味見

冬　Menu Hiver　家族で囲む温かい食卓

Solbet à la mandarine

みかんのソルベ

シンプルで美味しいお薦めデザートです。コンポートとしても楽しめます。

材料　8〜10人分

- 水 ……………………………… 1kg
- グラニュー糖 ………………… 300g
- みかん(外皮を剥いたもの) ……… 1kg
- レモンの皮 …………………… 1/2個分
- バニラ棒 ……………………… 1/2本

作り方

1. 鍋に全ての材料を入れ、火にかける。
2. 1が沸騰したら時々あくをすくい、弱火にしてコトコトと約2〜3時間煮る。途中水を足しながら、みかんの袋が透明になりとろっとするまで煮る。
3. 2をボウルに移し冷ます。レモンの皮、バニラ棒を取り出し、フードプロセッサーでピュレ状*にする。
4. 3を冷凍庫に入れる。1時間おきに取り出しホイッパーで混ぜる。3回ほど繰り返す。冷凍庫で冷やし固める。

盛り付け

みかんのソルベを器に盛り付ける。

*ピュレ状：野菜や果物をフードプロセッサーにかけ、なめらかで濃度のある液体にしたもの

味見

Chocolat chaud

ショコラ・ショー

パリでショコラ・ショーの美味しい店巡りをしました。最後に辿り着いたメゾン・ド・ショコラでは、数種類の産地別チョコレートから好きなものを選ぶことができ、感激したものでした。一番のお気に入りはスーパー・ゲアキル。パンチの効いた味わいです。

材料　4カップ分

<チョコレート>
牛乳 ……………………… 500g
生クリーム ……………… 100g
水 ………………………… 50g
ココアパウダー ………… 16g
グラニュー糖 …………… 80g
スイートチョコレート …… 100g

<クレーム・シャンティイ>
生クリーム ……………… 100g
グラニュー糖 …………… 10g

作り方

<チョコレート>

1. スイートチョコレートは細かく刻んでおく。牛乳と生クリームは合わせる。
2. 鍋に水とココアパウダーを入れ、中火で混ぜながら沸騰させる。
3. 2に1のスイートチョコレートを一度に加える。極弱火でよくかき混ぜながら、スイートチョコレートが完全に溶けるまで加熱する。
4. 3に1の牛乳と生クリームを少しずつホイッパーで混ぜながら加える。軽く沸騰したらグラニュー糖を加えて混ぜ、極弱火で20分ほど煮詰めてこくが出たら火を止める。
5. 時々かき混ぜて粗熱を取る。こくと香りをより高めるには、飲む数時間前に準備して休ませておくとよい。

<クレーム・シャンティイ>

1. 生クリームにグラニュー糖を加えて9分立てにする。

盛り付け

チョコレートを焦がさないよう極弱火で混ぜながら温める。温めたカップに注ぎ、クレーム・シャンティイを添える。

味見

冬　Menu Hiver　家族で囲む温かい食卓

91

クリスマス

Menu Noël

クリスマスに楽しむ
ご馳走メニュー

Vin chaud

ホットワイン

クリスマスマーケットにはホットワインが付きものです。どのお店も色とりどりの飾り付けで、まるでおとぎ話の世界にいるよう。子どもに戻ったようなワクワク感は大人になっても嬉しいものです。

材料　4杯分

グラニュー糖 …………………… 60g	<盛り付け用>
蜂蜜 ……………………………… 15g	オレンジの輪切り …………… 4枚
赤ワイン ………………………… 800g	シナモンスティック ………… 4本
シナモンスティック …………… 1本	
スターアニス …………………… 3個	
オレンジの皮 ………… 1/2個分	

作り方

1. 鍋に材料を全て入れ、中火で15分加熱する。
2. 1の味を見て赤ワインの渋みが残っていたら、渋みが抜けるまでさらに10分ほど弱火で加熱する。

盛り付け

カップにホットワインを注ぎ、オレンジの輪切りを浮かべる。シナモンスティックを添える。

味見

| クリスマス　Menu Noël | クリスマスに楽しむご馳走メニュー |

Potage aux patates douces et aux pommes

サツマイモとリンゴのポタージュ

サツマイモの鮮やかな黄色と甘さが冬ならでは。リンゴのフレッシュな酸味を加え美味しいポタージュができました。甘いシナモントーストがよく合います。

材料　4〜6人分

＜サツマイモとリンゴのポタージュ＞
- サツマイモ …………… 400g（1本分）
- 紅玉 ………………………… 1/2個
- 玉葱 …………… 60g（1/4個分）
- バター ……………………… 40g
- レモン汁 …………………… 10g
- 水 …………………………… 500g
- 塩 …………………………… 適量
- グラニュー糖 …………… 2つまみ

＜シナモントースト＞
- 食パン ……………………… 4枚
- バター ……………………… 60g
- グラニュー糖 ……………… 60g
- シナモンパウダー ………… 適量

作り方

＜サツマイモとリンゴのポタージュ＞

1. サツマイモは5cmの輪切りにして厚めに皮をむく。さらに4つ切りにする。さっと水にさらしてざるに上げ、水気を切っておく。玉葱はみじん切りにする。
2. リンゴは皮をむき、半分に切る。芯を取りイチョウ切りにしてレモン汁をまぶす。
3. 鍋にバターを溶かし、1の玉葱を入れて弱火で色が付かないように5分ほど炒める。
4. 3に1のサツマイモを加え、弱火で5分ほど炒めて水を加える。沸騰したらサツマイモが柔らかくなるまで、中火で15分ほど煮る。
5. 4に2のリンゴを加えて、柔らかくなるまで中火で15分ほど煮る。塩、グラニュー糖を加えて味を整える。
6. 5が熱いうちにフードプロセッサーで**ピュレ状**＊にする。鍋に戻す。

＜シナモントースト＞

1. 食パンの耳を落とし、星形にくり抜く。(型がなければ4等分に切る)
2. ボウルにバターとグラニュー糖を入れる。木ベラで混ぜ合わせ、1の食パンに塗る。
3. 2を180度のオーブンで8分ほど焼く。焼き上がりにシナモンパウダーを振りかける。

盛り付け

温めた器に熱々のポタージュを注ぐ。星形のシナモントーストを添える。

＊**ピュレ状**：野菜や果物をフードプロセッサーにかけ、なめらかで濃度のある液体にしたもの

味見

Gougères au roquefort

ロックフォールの　グジェール

メニューには載せないお客様へのおもてなしアミューズブーシュです。フランスのレストランでは、食前酒と一緒に楽しみながらメニューを選びます。華やかに盛り付けて下さい。

材料　プチシュー20個分

<チーズのパータ・シュー>
牛乳 …………………………… 125g
バター ………………………… 50g
グラニュー糖 ………………… 3g
塩 ……………………………… 1g
薄力粉 ………………………… 80g
全卵 …………………… 120g（2個分）
ロックフォールチーズ ………… 40g

<仕上げ用>
全卵(塗り卵用) ……………… 適量

<飾り用>
ローズマリー ………………… 5枝

作り方

<チーズのパータ・シュー>

1. 薄力粉を振るう。卵はほぐす。ロックフォールチーズは裏ごす。
2. 手付き鍋に牛乳、バター、グラニュー糖、塩を入れて加熱する。軽く沸騰したらすぐに1の薄力粉を一度に加え、木ベラでよく混ぜる。まとまってから100回くらい混ぜる。
3. 2を再び火にかけて、木ベラでよく生地を混ぜながら中火で加熱する。鍋底に薄い粉の膜が張り付いてきたら火から下ろす。
4. 3に全卵の1/3量を加え、木ベラでよく混ぜる。全体がまとまってから100回くらい混ぜる。残りは3回に分けて同様に加え混ぜる。最後に1のロックフォールチーズを一度に加えてよく混ぜる。
5. 1cmの丸口金をつけた絞り袋に4の生地を入れ、バターを塗った天板に直径3cmの腰高に丸く絞る。絞ったシュー生地の表面に刷毛で塗り卵をする。
6. 5を190度のオーブンで約20分焼く。

盛り付け

皿にグジェールを盛り付ける。所々にローズマリーの枝を差し込んで飾る。

| クリスマス　Menu Noël | クリスマスに楽しむご馳走メニュー |

Oeufs poché au gratin à la florentine

フィレンツェ風半熟卵のグラタン

卵が主役のご馳走グラタンです。フランス料理ではホウレン草が入るとフィレンツェ風になります。大皿でたっぷりと作ればパーティーにもぴったりです。

材料　4人分

<ポーチ・ド・エッグ>
- 水 ································ 800g
- 酢 ································ 150g
- 卵 ································ 4個

<ホウレン草>
- ホウレン草 ···················· 300g
- バター ···························· 20g
- 生クリーム ······················ 50g

- 塩 ·································· 2g
- 胡椒 ···························· 5挽き
- ナツメグ ······················ 5挽き

<ソース・ベシャメル>
- バター ···························· 30g
- 薄力粉 ···························· 30g
- 牛乳 ······························ 400g
- 生クリーム ···················· 100g

- コンテチーズ ·················· 50g
- 塩 ·································· 4g
- 胡椒 ···························· 5挽き
- ナツメグ ···················· 10挽き

<仕上げ用>
- コンテチーズ ·················· 50g
- ナツメグ ···················· 20挽き

作り方

<ポーチ・ド・エッグ>

1. ボウルに氷水を用意する。
2. 手鍋に水と酢を入れて沸騰させる。
3. 卵を1個ずつ小さなボウルに割り、軽く沸騰している湯に静かに入れる。すぐに白身をスプーンでまとめ、弾力がでるまで約3分中火で加熱する。
4. 3の卵に軽い弾力が出たら取り出し、氷水に浸ける。冷めたらすぐにペーパータオルに載せ、水気をふき取る。余分な白身をはさみで切り落とし、形を整えて塩、胡椒する。

<ホウレン草>

1. 鍋に湯を沸かし、洗ったホウレン草を入れ2〜3分茹でてざるに上げる。手で軽く絞り5cmの長さに切る。
2. 鍋にバターを溶かし、軽く焦がす。1のホウレン草を加えてフォークで軽くほぐしながら炒める。ふたをして弱火で3分ほど蒸し煮する。
3. 2に生クリームを加え、中火で加熱する。ホウレン草の水分がほとんどなくなったらナツメグ、塩、胡椒で味を整える。

<ソース・ベシャメル>

1. 薄力粉は振るう。コンテチーズは挽いておく。
2. 厚手の鍋にバターを入れて加熱する。バターが溶けたら薄力粉を加えサラサラになるまでホイッパーで混ぜながら、弱火で炒める。
3. 2に牛乳を少しずつ加え、常に混ぜながら中火で加熱する。牛乳の全量と生クリームを加えたら、焦がさないように弱火で3分ほど沸騰させる。とろりとしたソース状になったら、塩、胡椒、ナツメグで味を整える。
4. 3にコンテチーズを一度に加え混ぜる。

<仕上げ用>

1. コンテチーズを挽いておく。

組み立て

1. 器の内側にバターを塗っておく。
2. 1の器にホウレン草のソテーを敷き詰める。ポーチ・ド・エッグを載せる。
3. ソース・ベシャメルを全体にかける。
4. 仕上げ用コンテチーズを全体に散らす。ナツメグを振りかける。
5. 230度のオーブンで5分ほど、表面に軽く焼き色が付くまで焼く。

盛り付け

温めた皿にグラタンを載せる。

味見

Sandwich au saumon et au fromage à la crème

サーモンとクリームチーズの
サンドイッチ

パリを旅行中はよくサンドイッチを持ち歩きます。老舗ジャン・ミエ店のサンドイッチが格別でした。丁寧に塗られたバター、食べた時の歯切れの良さ、具材との一体感で美味しさが際立ちます。食べる人への心配りがうれしいパティスリーのサンドイッチです。

材料　4人分

＜サーモン＞
お刺身用サーモン(サク) … 300g

＜マリネ用塩＞
塩 ……………………… 50g
グラニュー糖 …………… 10g

＜マリネ＞
リカール* ………………… 5g
ディル …………………… 2本
玉葱 ………… 50g (1/4個分)
オリーブオイル ………… 20g
胡椒 ……………………… 適量

＜チーズのクリーム＞
クリームチーズ ………… 200g
塩 ………………………… 1g
胡椒 ……………………… 適量

＜サンドイッチ用パンと具材＞
パン・ド・ミ …………… 8枚
ケッパー ………………… 30g
マリネした玉葱 ………… 50g
バター …………………… 40g

＜盛り付け用＞
ベビーリーフ …………… 適量

作り方

＜サーモンのマリネ＞
1. バットにラップを敷き、マリネ用塩の半量を全体に振ってサーモンを置く。上から残りのマリネ用塩を振りかけラップで包む。室温で2時間おいて**マリネ***する。
2. 1のサーモンを冷水で軽く洗う。ペーパータオルで水気をふき取り、薄く削ぎ切りにする。玉葱は薄くスライスする。
3. バットに2のサーモンを並べて軽く胡椒を振る。リカールを振りかけ、ディル、2の玉葱を全体に散らす。オリーブオイルを振りかけマリネする。冷蔵庫で冷やしておく。

＜チーズのクリーム＞
1. ボウルにクリームチーズを入れ、木ベラで混ぜクリーム状にする。塩、胡椒で味を整える。

＜サンドイッチ用パンと具材＞
1. パン・ド・ミは耳を切り落とす。
2. ケッパーは水気を切る。
3. バターは木ベラで混ぜクリーム状にする。

仕上げ

1. パン・ド・ミの片面にバターを薄く塗る。
2. 1の4枚にチーズのクリームをパレットナイフで平らに塗る。
3. 2の上にマリネしたサーモン、玉葱、ケッパーをのせて、もう一枚のパンでサンドする。ラップで包んで冷蔵庫で冷やしておく。

盛り付け

食べやすい大きさに切り分け、皿に盛る。ベビーリーフを添える。

***リカール**：アニス風味のお酒

***マリネ**：果物、野菜、肉、魚に香りを付けるため、アルコールや果汁などに漬けること

| クリスマス　Menu Noël | クリスマスに楽しむご馳走メニュー |

103

Poulet rôti

ローストチキン

焼き立てのジューシーなローストチキンは言葉にならないほど美味しいです。シンプルでボリュームたっぷり。簡単にでき誰もが大好きな鶏のローストです。

材料　4人分

<鶏のロースト>
丸鶏 ……………… 1羽（1.4kg位）
塩 ……………………………… 14g
胡椒 …………………………… 適量
オリーブオイル ……………… 適量

<付け合わせ>
ジャガイモ …… 600g（3個分）
ニンジン ……… 300g（2本分）
ニンニク ……………………… 4片
ブロッコリー ………………… 1株
塩、胡椒 ……………………… 適量
オリーブオイル ……………… 適量

<飾り用>
タイム、ローズマリー、イタリアンパセリ ………………… 各適量

作り方

<付け合わせ>

1. ジャガイモは皮を剥き4つ切り、ニンジンは皮を剥き3cm長さの乱切り、ニンニクは芽を取る。
2. ブロッコリーは小房に分けて、塩を少量加えた湯で少し堅めに茹でる。氷水にさっと浸けて取り出し、網に上げて水気を切っておく。
3. 大きめのボウルに1の野菜を入れ、塩、胡椒する。オリーブオイルを振りかけ手で全体を混ぜ合わせる。

<鶏のロースト>

1. 丸鶏全体に塩、胡椒を手ですり込む。
2. 鶏の足、手羽が動かないように凧糸で結び、手で押さえて軽くつぶし、ピラミッド型に形を整える。
3. フライパンにオリーブオイルを熱し、2の鶏を焼く。時々オリーブオイルを振りかけながら、鶏の表面にキツネ色の焼き色を付ける。
4. 3をフライパンごと200度のオーブンに入れて焼く。10分おきに回転させながら、出てきた脂を鶏にかけて**アロゼ***する。全体がきれいなきつね色になるまで焼き上げる。途中20分経ったところで、付け合わせのジャガイモ、ニンジン、ニンニクを鶏の周りに置いて一緒に焼く。時々野菜も混ぜる。計50～55分かかる。
5. 焼き上がったらフォークを下から差して持ち上げ、余分な油を落とす。この時出た油が濁ったり、赤い汁が出なければ焼き上がり。鶏を温かいところで30分ほど休ませる。
6. 5のフライパンにブロッコリーを加えて混ぜ合わせる。中火にかけて香ばしく野菜全体を炒める。塩、胡椒で味を整える。

盛り付け

1. 鶏のタコ糸をはさみで切り取り除く。
2. 温めておいた大皿に1の鶏の胸を上にして盛り付ける。
3. 鶏の首の空洞にタイム、ローズマリー、イタリアンパセリを飾る。
4. 3の鶏の周りに野菜を盛り付ける。
5. 取り分けるときは、胸、足、手羽など8等分に切り分けて、付け合わせの野菜と共に皿に盛る。

***アロゼ**：焼き汁や脂をかけながら肉を調理すること

味見

Bûche de Noël

ビュッシュ・ド・ノエル

クリスマスの伝統的なお菓子です。薪の形をしたビュッシュ・ド・ノエルは静かで厳かです。料理と一緒にクリスマスを祝います。

材料　長さ25cm、直径8cmロール型1本分

<ロール生地>
- 天板　25cm×28cm×3cm　1枚
- 卵黄　80g（4個分）
- グラニュー糖　50g
- 卵白　120g（3と1/2個分）
- グラニュー糖　40g
- 薄力粉　20g
- コーンスターチ　50g
- ココア　15g
- バター　20g
- 牛乳　20g

<ポンシュ*>
- グラニュー糖　30g
- 水　100g
- ココア　10g

<仕上げ用クリーム>
- 生クリーム　150g
- グラニュー糖　15g

<飾り用>
- 粉糖　適量
- ココア　適量
- 苺　250g（1パック）
- ブルーベリー　適量
- パイエットショコラ　適量

*ポンシュ：生地に塗るシロップ

作り方

<ロール生地>
1. 薄力粉、コーンスターチ、ココアは一緒に振るう。バターと牛乳は一緒に鍋に入れて溶かし、50度に保温する。天板に紙を敷いておく。
2. ボウルに卵黄、グラニュー糖を入れ、ハンドミキサーで最高速3分泡立てる。
3. 深ボウルに卵白、グラニュー糖の1/3量を入れ、ハンドミキサーで中速1分、最高速2分、残りのグラニュー糖を加えてさらに最高速1分泡立てる。
4. 3に2を一度に加え木ベラで混ぜる。半分くらい混ざったら、1の粉類を4回に分けて加え混ぜる。全量加えたら木ベラでゆっくり15回混ぜる。
5. 1のバターと牛乳を2回に分けて4に加え、20回ほどゆっくり混ぜる。紙を敷いた天板に流し、表面を平らに均す。
6. 5の天板の下にもう一枚の天板を重ねて、180度のオーブンで18分焼く。

<仕上げ用クリーム>
1. 生クリームはグラニュー糖を加えて9分立てにする。冷蔵庫で冷やしておく。

<ポンシュ>
1. 鍋にグラニュー糖と水を入れ、沸騰させる。火を止め40度くらいに冷めたら、ココアを加えて混ぜる。

組み立て

1. 生地の焼き色の付いている面を下側、長い辺を手前にしてロール紙の上に置く。内側にポンシュを全量、刷毛で塗る。
2. 1の上に仕上げ用クリームを置き、パレットナイフで全体に平らに均す。
3. 巻き始めの部分を指で潰して芯にする。ロール紙の手前を持ち上げ、生地を押しながら巻いていく。
4. 巻き終わったら、麺棒で生地全体を押して形を整える。巻き終わりを下にして冷蔵庫で30分休ませる。
5. 全体に粉糖を振りかける。
6. 中央にパイエットショコラを散らす。

仕上げ

ビュッシュ・ド・ノエルの両サイドに苺、ブルーベリーを飾る。

| クリスマス　Menu Noël | クリスマスに楽しむご馳走メニュー |

アラカルト

A la cartes

フランスで愛される定番料理を中心に、
お薦めのメニューをご紹介します。
季節のコースと自由に組み合わせてお楽しみください。

Sangria au miel et au citron vert

蜂蜜とライムの
サングリア

ホームパーティーには華やかな飲み物が必要です。ライム風味のホワイトサングリアを作りました。シュワシュワの炭酸水で割って爽やかさを演出。横浜・元町で採れた新鮮な蜂蜜を使っています。

材料　4杯分

<サングリア>
蜂蜜 …………………………… 40g
グラニュー糖 ………………… 40g
白ワイン ……………………… 150g
ライム果汁 …………… 50g（2個分）
ライム皮すりおろし ……… 1/2個分
炭酸水または
スパークリング・ワイン …… 150g

<フルーツ>
リンゴ ……………………… 1/2個
オレンジ …………………… 1/2個

<飾り用>
ミント ……………………… 適量
ライムスライス …………… 8枚

作り方

<フルーツ>
1. リンゴ、オレンジはよく洗い、水気をふき取る。皮付きのままそれぞれ縦8等分の櫛形に切る。

<サングリア>
1. 鍋に蜂蜜、グラニュー糖、白ワインを入れ、混ぜながら軽く沸騰させる。
2. 1をボウルに移して粗熱を取り、冷蔵庫で冷やす。

盛り付け

1. リンゴ、オレンジを各グラスに2切れずつ入れる。
2. ボウルにサングリア、ライム果汁、ライム皮すり下ろしを入れて、軽く混ぜ合わせる。
3. 1のグラスの半分くらいまで2を注ぐ。
4. 炭酸水またはスパークリング・ワインを3のグラスいっぱいまで注ぎ、軽く混ぜる。
5. スライスしたライム、ミントを飾る。

アラカルト　A la cartes　｜　定番料理・お薦めメニュー

Salade lentilles

レンズ豆のサラダ

レンズ豆はオーヴェルニュ地方の町・ル・ピュイの特産物です。栄養価が高く仕込みが簡単。豚肉の煮込み料理、スープ、サラダ、付け合わせなどフランス料理には欠かせない食材です。レンズ豆のサラダはスモークサーモンや半熟卵にもよく合います。

材料　4人分

＜レンズ豆＞
- レンズ豆（ル・ピュイ産） 100g
- 玉葱　40g（1/8個分）
- ニンジン　20g（1/8本分）
- ローリエ　1枚
- 水　500g
- 塩　2g

＜ドレッシング＞
- 粒入りマスタード　15g
- 赤ワインビネガー　8g
- オリーブオイル　30g
- 塩　2g
- 胡椒　6挽き

＜付け合わせ＞
- スモークサーモン　12枚
- ベーコン　50g
- そら豆　20粒
- シブレット　10g
- バゲットスライス　4枚
- バター　20g

作り方

＜レンズ豆＞

1. 鍋にレンズ豆、水を入れ30分くらい浸す。
2. 玉葱は櫛形、ニンジンは皮を剥いて1cm厚さの輪切りにする。
3. 1に2の玉葱、ニンジン、ローリエを加えて火にかける。豆が柔らかくなるまで弱火で煮る。途中差し水をする。レンズ豆が柔らかくなったら塩を加えて、2～3分煮る。火を止めそのまま冷ます。
4. 3のレンズ豆をざるに上げて水を切る。玉葱、ニンジン、ローリエは取り出す。

＜ドレッシング＞

1. ボウルに粒入りマスタード、赤ワインビネガー、塩、胡椒を入れホイッパーでよく混ぜる。オリーブオイルを加えて混ぜる。

＜レンズ豆の仕上げ＞

1. 水を切ったレンズ豆にドレッシングを加え混ぜる。塩、胡椒で味を整える。

＜付け合わせ＞

1. ベーコンは3cm長さ、8mm角の棒状に切る。鍋に湯を沸騰させベーコンをさっとゆがいて網に上げる。
2. そら豆は鞘から出し、塩を少量加えた湯で5～6分中火で茹でる。火が通ったらすぐに氷水に取る。冷めたら取り出し、水気を切っておく。盛り付ける時に薄皮を剥く。
3. バゲットは1cmの厚さに切り、バターを塗って180度のオーブンで5分焼く。
4. シブレットは小口に切る。

盛り付け

レンズ豆にベーコンを混ぜて器に盛り付ける。スモークサーモン、そら豆を飾る。シブレットを振りかけ、バゲットを添える。

味見

Carottes râpées

キャロット・ラペ

私のキャロット・ラペはフォークで混ぜるだけ。ニンジンのしゃっきりした食感を残しています。もう一品という時の強い味方です。

材料　4人分

<ニンジン>
ニンジン ……… 300g（2本分）
塩 ……………………………… 3g
白胡椒 ………………… 10挽き
玉葱 …………… 40g（1/6個分）
干しブドウ ………………… 20g

<ドレッシング>
オリーブオイル ………… 15g
塩 ……………………………… 2g
胡椒 ………………………… 適量
赤ワインビネガー ……… 10g
グラニュー糖 ……………… 2g

<飾り用>
松の実 ……………………… 20g

作り方

<ドレッシング>
1. ボウルに赤ワインビネガー、グラニュー糖、塩、胡椒を入れてホイッパーでよく混ぜる。
2. 1にオリーブオイルを少しずつ加え混ぜる。分離しないようよく混ぜる。

<ニンジン>
1. 干しブドウは湯通しして、網に上げ冷ましておく。
2. ニンジンは皮を剥いてスライサーで千切りにする。玉葱は薄切りにする。
3. 2をボウルに入れてドレッシングを振りかけ、フォークでほぐすように混ぜる。
4. 3に1の干しブドウを加えて混ぜる。

盛り付け

器にキャロット・ラペを盛り付ける。松の実を振りかける。

| アラカルト　A la cartes | 定番料理・お薦めメニュー |

Escabèche de sardines

イワシのエスカベッシュ

脂が乗った新鮮なイワシを、白ワインと野菜の風味、オリーブオイルが一体となった自慢のソースでマリネしました。鯛やワカサギ、鮭などお好みの魚で作っても美味しいです。

材料 4人分

＜イワシ＞
- イワシ ……… 8尾（1本150g位）
- 塩 ……… 8g
- 白胡椒 ……… 適量
- 強力粉 ……… 適量
- サラダオイル（揚げ用）……… 適量

＜野菜＞
- ニンジン ……… 60g（1/2本分）
- 玉葱 ……… 60g（1/4個分）
- ポワロ ……… 30g
- セロリ ……… 60g（1/3本分）
- 椎茸 ……… 60g（2枚分）

＜マリネソース＞
- オリーブオイル ……… 100g
- 白ワイン ……… 150g
- 塩 ……… 4g
- 胡椒 ……… 10挽き
- イタリアンパセリ ……… 20g
- トマト ……… 200g（1個分）

＜仕上げ用＞
- レモンの輪切り ……… 4枚

作り方

＜イワシ＞

1. イワシは頭、内臓、ひれ、うろこを取り除く。腹の内側、全体を氷水でよく洗う。ペーパータオルで水気を丁寧に拭く。
2. 1のイワシに軽く塩をして 冷蔵庫で30分ほど冷やす。イワシに出た水気を丁寧に拭き取る。白胡椒を振り、強力粉を薄く全体にまぶす。余分な粉は手ではたいて落としておく。
3. サラダオイルを180度に熱し、2のイワシを8〜9分カリッと揚げる。網に上げ油を切る。

＜マリネソース＞

1. 野菜を5cm長さに揃え、3mm幅の千切りにする。トマトは湯剥きして種を取り除き、8mm角にカットする。イタリアンパセリはみじん切りにする。
2. 鍋にオリーブオイルを熱し、1の野菜を中火で5分ほど炒める。
3. 2へ白ワインを加えて沸騰させる。中火にして10分ほど煮る。次第に酸味が消え、味がなじんでくる。塩、胡椒で味を整える。
4. 火を止め、1のトマトとイタリアンパセリを加え混ぜる。

＜仕上げ＞

1. イワシをバットに並べ、熱いマリネソースをかける。粗熱が取れたらラップで覆い、**マリネ**＊して冷蔵庫で2時間ほど冷やしておく。

盛り付け

皿にイワシを盛り付け、マリネした野菜を載せる。レモンの輪切りを1枚添える。

＊ポワロ：洋ネギ（白い部分のみ料理に使います。緑の葉の部分はブーケガルニを巻くときに 使います）。リーキともいう
＊マリネ：果物、野菜、肉、魚に香りを付けるため、アルコールや果汁などに漬けること

味見

Gratin dauphinois

グラタン・ドフィノア

南東部ドフィノア地方の郷土料理です。フランス各地に名物のジャガイモ料理があります。ジャガイモはフランス語でポンム・ド・テール（大地のリンゴ）。どんな料理にも合う、なくてはならない食材です。

材料　4人分（25cm × 20cm グラタン皿使用）

ジャガイモ（メークイン）	800g（3、4個分）
牛乳	250g
生クリーム	150g
ニンニク	2片
ナツメグ	10挽き
白胡椒	適量
塩	4g

<仕上げ用>

コンテチーズ	60g
生クリーム	80g
ナツメグ	適量

作り方

1. メークインは皮を剥いて8mm厚さにスライスする。ニンニクは芽を取り粗みじんにする。コンテチーズは挽いておく。
2. 鍋に牛乳、生クリーム、1のニンニクを入れ沸騰させる。
3. 2に1のメークインを入れ、塩、白胡椒、ナツメグを加えて軽く沸騰させる。中火で5分ほど煮る。
4. 3をグラタン皿に移し、アルミ箔をかぶせる。180度のオーブンで30分ほど焼く。
5. 途中20分くらい経ったところでメークインの上下を返し、アルミ箔をかぶせて残り10分ほど焼く。
6. アルミ箔を取り除き、仕上げ用の生クリームを全体に回しかける。1のコンテチーズを振りかける。表面に美味しそうな焼き色が付き、ジャガイモが柔らかくなるまでさらに10分ほど焼く。

盛り付け

焼き上がったグラタンにナツメグを振りかける。

| アラカルト　A La Cartes | 定番料理・お薦めメニュー |

Gratinée à l'oignon

オニオン・グラチネ

秋が深まると熱々のスープが恋しくなります。ビストロ料理の定番オニオン・グラチネ。熱々のライオンカップにたっぷりのスープ、チーズとクルトン。玉葱の旨味とフォン・ド・ヴォライユの豊かな味わいが身体に浸みわたります。

材料　4人分

<玉葱のソテー>
- 玉葱 …………… 400g（2個分）
- バター …………… 30g
- ブーケガルニ …………… 1束
- （タイム1本、イタリアンパセリ2本、ローリエ1枚、ポロ葱の葉）
- 塩 …………… 3g
- 黒胡椒 …………… 10挽き

<グラタン用>
- コンテチーズ …………… 80g
- バゲットスライス …………… 4枚
- バター …………… 20g
- フォン・ド・ヴォライユ 600g
- 塩 …………… 2g
- 黒胡椒 …………… 20挽き

作り方

<玉葱のソテー>
1. 玉葱は皮を剥いて半分に切り、薄切りにする。
2. 鍋にバター、1の玉葱を入れて中火で炒める。しんなりしたらすぐに弱火にする。ブーケガルニを加えてふたをする。約20分煮ると薄く色付いてくる。
3. ふたを取り、濃い目の飴色になるまでさらに炒める。塩、胡椒をして味を整える。
4. 網に上げ、バターを切る。

組み立て

1. バゲットスライスにバターを塗る。180度のオーブンで8分ほど焼き、クルトンにする。コンテチーズは挽いておく。
2. 鍋に玉葱のソテーを入れ、フォン・ド・ヴォライユを加えて煮立てる。塩、胡椒で味を整える。
3. 2を器に入れ、1のクルトンとチーズを載せる。230度のオーブンで5分ほど焼く。

盛り付け

熱々のスープを温めておいた皿に載せる。黒胡椒をたっぷり挽く。

フォン　味見

Potage aux racines « gobo » avec émincé de canard

ゴボウのポタージュ 鴨のスライス添え

冬のゴボウは白くてむっちり。フォン・ド・ヴォライユでじっくり煮込めば、美味しいポタージュのでき上がり。鴨とゴボウの風味が重なり、味わい豊かな温かい前菜です。

材料　4〜6人分

〈鴨のスライス〉
- 鴨胸肉 …………………… 1枚（300g位）
- 塩 …………………………………… 3g
- グラニュー糖 ……………………… 1g
- 黒胡椒 …………………………… 10挽き
- オリーブオイル …………………… 10g

〈ゴボウのポタージュ〉
- ゴボウ ……………………… 500g（2本分）
- 玉葱 ………………………… 80g（1/3個分）
- エシャロット ……………………… 30g
- オリーブオイル …………………… 30g
- フォン・ド・ヴォライユ ………… 500g
- 牛乳 ……………………………… 150g
- 生クリーム ………………………… 50g
- バター ……………………………… 30g
- 塩、胡椒 ………………………… 適量

〈仕上げ用〉
- イタリアンパセリ ………………… 20g

作り方

〈鴨〉

1. 鴨の両面に塩、胡椒、グラニュー糖を手でよく揉み込む。ラップで包み、冷蔵庫で一晩おく。

2. フライパンにオリーブオイルを熱し、1の鴨の皮目を下にして中火で3分ほど焼く。焼き色が付いたらすぐに弱火にする。7割程度までゆっくり火を通す。

3. 2の鴨を裏返して、2〜3分ほど焼く。網に上げて30分休ませる。

〈ゴボウのポタージュ〉

1. ゴボウはたわしで洗い、包丁の背でこすり皮を取り除く。3cmの乱切りにする。玉葱とエシャロットは3mm角のみじん切りにする。

2. 鍋にオリーブオイルを熱し、1の玉葱、エシャロットを加えしんなりするまで中火で5分ほど炒める。

3. 2に1のゴボウを加え中火で5分ほど炒める。フォン・ド・ヴォライユを加えて、ゴボウが柔らかくなるまで30分ほど弱火でコトコト煮る。

4. 3をフードプロセッサーに入れ、**ピュレ状***になるまで挽く。鍋に戻し、牛乳と生クリーム、バターを加えて煮立てる。塩、胡椒で味を整える。

〈鴨のスライス〉

1. 鴨を8mm厚さの薄切りにする。イタリアンパセリはみじん切りにする。

盛り付け

深皿に温めたスープを注ぎ、鴨のスライスを盛り付ける。イタリアンパセリを鴨の上に飾る。

*ピュレ状：野菜や果物をフードプロセッサーにかけ、なめらかで濃度のある液体にしたもの

フォン　味見

| アラカルト　A La Cartes | 定番料理・お薦めメニュー

Paella
パエラ

パエラ（パエリア）はパーティーの主役。たっぷりの肉や魚介、カラフルな野菜を使った華やかな料理です。ポイントは下準備で火を通しすぎないこと。素材の旨味を米に吸わせて炊き上げます。

材料　4人分

エビ	8本
ムール貝	8個
鶏胸肉	300g（1枚分）
スルメイカ	1杯
渡り蟹	1杯
ニンニク	2片
玉葱	120g（1/2個）
赤パプリカ	1/2個
黄パプリカ	1/2個
緑パプリカ	1/2個
米	300g
サフラン	1g
塩、胡椒	適量
トマトペースト	30g
オリーブオイル	80g
フォン・ド・ヴォライユ	600g

作り方

1. エビは頭と尾を残して殻を取り除く。ムール貝はよく洗ってざるに上げておく。鶏胸肉は4cm角のそぎ切り。スルメイカはワタと軟骨を抜き取り、薄皮を剥いて2cm幅の輪切りにする。渡り蟹は甲羅を外し、内臓を取り除く。身は縦2つ切りにする。
2. ニンニクは芽を取り3mm角、玉葱は8mm角に切る。赤・黄・緑パプリカは白いわたを取って、2cm幅に切る。米は洗わないで使う。フォン・ド・ヴォライユ 🍲 は温めておく。
3. 浅くて広い鍋にオリーブオイルを入れ加熱する。ニンニクを加えて極弱火で香りを出す。
4. 3に赤・黄・緑のパプリカを加えて弱火で3分ほど炒め、バットに上げる。軽く塩、胡椒する。
5. 4の鍋に鶏胸肉、渡り蟹、エビ、ムール貝、イカをそれぞれ順番に、極弱火で焦がさないよう各2分ほど炒め、5割くらい火を通す。バットに上げ、塩、胡椒する。
6. 5の鍋で玉葱をしんなりするまで炒める。米を加え、軽く混ぜながら透き通るまで弱火で炒める。トマトペーストを加え、混ぜる。
7. 6に温めておいたフォン・ド・ヴォライユを5回に分けて加える。中火で混ぜながら加熱する。水気がなくなったら次を加え混ぜ、こねないように米に火を通す。全量加えたら塩、胡椒、サフランで味を整え火を止める。🥄
8. 7の米の上に 4、5 の具材を見栄えよく放射状に飾る。アルミホイルを全体にかぶせ、200度のオーブンで約20分炊く。
9. 8をオーブンから出し、10分間蒸らす。米を食べて硬かったら、お湯約50g（分量外）を全体に振りかけ、200度でさらに5～6分炊く。🥄

盛り付け

ホイルをはずして鍋を食卓に運び、放射状に取り分けて皿に盛り付ける。

Fricassée de volaille à l'estragon

鶏のフリカッセ エストラゴン風味

エストラゴンの爽やかな風味は鶏肉と相性がぴったりです。白ワインの酸味が隠し味。
白のソースにグリンピースの緑が映えてお洒落(しゃれ)な一品になりました。

材料　4人分

<鶏肉>
- 鶏腿肉 ……………… 4枚（1枚180g位）
- 塩 …………………………………… 6g
- 白胡椒 …………………………… 16挽
- オリーブオイル …………………… 15g

<ソース>
- 白ワイン ………………………… 100g
- 水 ………………………………… 100g
- エストラゴン枝 …………………… 2本
- 塩 …………………………………… 2g
- 生クリーム ……………………… 150g
- 塩、白胡椒 ………………………… 適量

<付け合わせ>
- 冷凍グリンピース ……………… 250g
- バター …………………………… 30g
- 水 ………………………………… 50g
- 塩 …………………………………… 2g
- 白胡椒 ……………………………… 8挽

作り方

<鶏肉>
1. 鶏腿肉に塩、白胡椒を両面に振り、手でよく揉み込む。
2. フライパンにオリーブオイルを熱し、1の鶏肉の皮目から中火で焼く。鶏肉の厚さの6割ほどに火が入り、皮目に美味しそうな焼き色が付いたら裏返して1〜2分焼く。鶏肉は取り出して保温しておく。

<ソース>
1. 鶏肉を焼いた後のフライパンの油を捨て、白ワインを加えて沸騰させる。汁気が殆どなくなるくらいまで加熱して**デグラッセ**＊する。
2. 鍋に水、エストラゴンを入れ、5〜6分沸騰させて塩を加える。水にエストラゴンの香りが充分移ったら1のフライパンに加えて煮立てる。生クリームも加えさらに2〜3分中火で煮る。
3. 2に保温しておいた鶏肉を、皮を上にして入れ、ごく弱火で3分ほど煮る。
4. 3のフライパンから鶏肉を取り出し、バットの上で保温しておく。煮汁はそのまま弱火で約2/3量まで煮詰める。塩、白胡椒、少量の生クリーム（分量外）を足して味を整える。

<付け合わせ>
1. 鍋に冷凍グリンピースと水を入れて加熱する。
2. 1が沸騰したら火を弱めて、グリンピースに火が通るまで中火で5分ほど煮る。バターと塩、胡椒を加えて味を整える。

盛り付け

温めた皿にグリーンピース、鶏肉を盛り付けソースをかける。

＊**デグラッセ**：水やワインを入れ、鍋に付いた煮汁や肉汁を溶かすこと

Porc rôti

ローストポーク

家庭料理の定番。ふっくらジューシーなローストポークです。
焼きリンゴの甘酸っぱいソースで召し上がって下さい。

材料　4人分

＜豚肉＞
豚肩ロース	1kg
塩	10g
胡椒	20挽き
ニンニク	2片
シナモン	2g
グラニュー糖	60g
玉葱	80g（1/3個分）
ニンジン	80g（1/2本分）
セロリ	80g（1/2本分）
エシャロット	40g
オリーブオイル	20g

＜付け合わせ　焼きリンゴ＞
紅玉	4個（1個200g位）
グラニュー糖	50g
シナモンパウダー	6g
バター	30g
ブランデー	20g

＜付け合わせ　ホウレン草のバター炒め＞
ホウレン草	400g
バター	30g
ニンニク	1片
塩	1g
胡椒、ナツメグ	適量

作り方

＜豚肉のロースト＞

1. 調理する1～2時間前に豚肉を室温に出しておく。
2. 玉葱、ニンジン、エシャロット、セロリは2cm角にカットする。ニンニクは半分に切り芽を取る。
3. 肉全体に塩、胡椒を手ですり込む。肉の表面にニンニクをこすり付ける。紐で全体を網の目状に縛り、形を整える。
4. フライパンにオリーブオイルを熱して、3の豚肉を美味しそうな焼き色が付くまで強火で炒める。肉を取り出し、網に上げ脂を切って保温しておく。フライパンの脂を捨てる。
5. 4のフライパンにシナモンとグラニュー糖を入れ、弱火で**キャラメリゼ**＊する。すぐに4の豚肉を戻し、キャラメルを全体にからめる。
6. アルミホイルに2の野菜を置き、その上に5の豚肉を置く。
7. 5のフライパンを洗い、水を1cmくらい張り、6を載せる。上からアルミホイルで覆ってオーブンで焼く（150度で2時間）。途中でお湯がなくなったら足す。

＜焼きリンゴ＞

1. ボウルにバターを入れ、木ベラでクリーム状にする。
2. 1にグラニュー糖、シナモンパウダー、ブランデーを加えて混ぜる。
3. リンゴの底から芯をくり抜く。上から2cm位は残す。くり抜いた部分に2を詰め、底をアルミホイルでふさぐ。
4. 3をフライパンに載せる。リンゴの上にバター少量（分量外）を載せて焼く。

　　○電子レンジオーブン　220度で20分
　　○ガス高速オーブン　200度で20分

＜ホウレン草のバター炒め＞

1. ホウレン草は洗って茎と葉を切り落とし、ざるに上げて水気を切っておく。
2. ニンニクは芽を取り、粗みじんに切る。
3. フライパンにバターを入れて加熱する。少し焦がしたらすぐに1のホウレン草を入れ、強火でさっと炒める。2のニンニクも加えて炒める。塩、胡椒で味を整える。

盛り付け

保温しておいた豚肉を1cm厚さに切り、温めておいた皿に盛る。焼きリンゴとホウレン草のソテーを添える。

＊キャラメリゼ：砂糖をカラメル状に煮詰めること

味見

Pouding

プディング

私は大の卵好きで、小学生の頃からプリンやドーナツを自分で作っていました。元町に教室を開いてからモトマチ塩プリンを考案し、今ではお店の看板商品となっています。お客様に愛されるお菓子を作ることが何よりの喜びです。

材料　口径8cmココット型　6個分

<キャラメルソース>
- グラニュー糖 …………… 150g
- 水 …………………………… 50g
- 水 …………………………… 30g
- バター（塗り用）………… 適量

<プリン生地>
- 牛乳 ……………………… 600g
- バニラ棒 ………………… 1/6本
- 全卵 ……………… 110g（2個分）
- 卵黄 ………………… 40g（2個分）
- グラニュー糖 …………… 150g

<クレーム・シャンティイ>
- 生クリーム ……………… 100g
- グラニュー糖 …………… 10g

<飾り用>
- ピスタチオ ……………… 6粒

作り方

<キャラメルソース>
1. ココット型の内側にバターを塗っておく。
2. 手付き鍋にグラニュー糖、水を入れて火にかけ沸騰させる。グラニュー糖が溶けて、次第に透明から黄色に焦げてくる。ファーっと吹き上がったら火を止める。余熱で赤味が少し残るくらいの黒色まで焦がしてキャラメルにする。水30gをすぐに加えて混ぜる。
3. 2が熱いうちに、1のココット型に均等に流す。

<プリン生地>
1. 鍋に牛乳とバニラ棒を入れて加熱する。沸騰したらすぐに火を止めて、グラニュー糖を加えホイッパーでよく混ぜる。そのまま5分ほどおいて粗熱を取る。
2. ボウルに全卵、卵黄を入れて、ホイッパーでよくほぐし混ぜる。
3. 1の牛乳を少しずつ2のボウルに加えて混ぜる。シノワで漉す。
4. 1のココット型に卵液を均等に流し入れる。
5. 天板に熱湯を深さ1cm位張る。4を並べ、150度で50分程湯煎焼きする。

<クレーム・シャンティイ>
1. 生クリームはグラニュー糖を加えて9分立てにする。

盛り付け

冷ましたプリンの真ん中にクレーム・シャンティイを載せ、ピスタチオを飾る。

味見

| アラカルト　A La Cartes　| 定番料理・お薦めメニュー　|

Gaufre

ワッフル

ブリオッシュ生地をゴーフリエで焼けば、ワッフルに変身。メープルシロップをたっぷり添えて、気分はパリのパティスリーです。

材料　8個分

＜生地＞
ブリオッシュ生地 ……………… 400g
（参照：ブリオッシュ生地の作り方）
打ち粉（強力粉） ……………… 適量
バター ……………………………… 適量

＜仕上げ用＞
バニラシュガー（焼き用）……… 40g
粉糖（飾り用） …………………… 適量
メープルシロップ ………………… 適量

作り方

＜生地の整形＞

1. 仕込んだブリオッシュ生地は冷蔵庫で一晩休ませる。
2. 1の生地に打ち粉をして、20cm×30cmの長方形に伸す。手前から巻いてロール状にする。8等分に切り分ける。切り口を上にしてバットに並べ、30度くらいのところで1.2倍くらいに発酵させる。

＜生地を焼く＞

1. ゴーフリエを弱火で両面、10分ほど熱しておく。
2. 1のゴーフリエの両面に刷毛でバターを塗り、生地を載せる。ゴーフリエを閉じ弱火で3分焼く。
3. ゴーフリエを裏返して開け、バニラシュガーを5g振りかける。再び閉じ、美味しそうな焼き色が付くまで弱火で5〜6分焼く。

盛り付け

焼き上がったワッフルを皿に盛り付け、粉糖を振る。メープルシロップを添える。

アラカルト A La Cartes | 定番料理・お薦めメニュー

133

モトマチ塩プリン

フランス食巡りの旅

Eiko Morita
フランス菓子・料理教室の研修旅行

　私の教室では毎年1回、フランス各地へ研修旅行に出かけています。「フランス菓子や料理のルーツを知りたい」「本物の味を知りたい」という探求心からスタートして、これまでに計18回150カ所以上の地を訪れてきました。

　伝統料理や伝統菓子を求めて、各地のレストランやパティスリー、オーベルジュ、マルシェなどを訪ねるフランス食巡りの旅。パリのリッツ・エスコフィエやフランス国立製菓学校（当時）などの料理学校はもちろん、地方の農家や工房などでも研修を行い、数多くの素晴らしい出会いに恵まれました。

　農業王国フランスは地方色がとても豊かで、各地に数え切れないほどの名産品があります。肥沃な土地で育まれた農業・畜産業に支えられた力強い食材。そして人々の暮らしの中で育ち、長年愛され続けてきた各地のお菓子やお料理は、とても自然体で感動的な味わいです。

　どこを訪れても大切に守られてきた食文化と人々の歴史に感動すると同時に、「その土地で生まれたおいしい食」に出会うことができます。

　旅のエッセイでは、特に印象的だった研修旅行の様子をお届けします。

■ 第1回フランス研修旅行

ボルドーと
バスク地方

旅の始まり

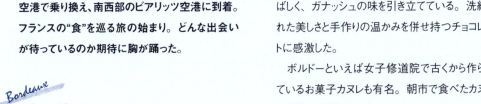

📖 旅のルート
ボルドー → ダックス → バイヨンヌ（大西洋側）→ ビアリッツ → バイヨンヌ（内陸部）→ サン・ジャン・ド・リュズ → 山バスク → サン・ジャン・ピエ・ド・ポル → エスペレッド → パリ

2001年夏、あこがれのボルドーを目指して研修旅行に出発した。パリ・シャルル・ド・ゴール空港で乗り換え、南西部のビアリッツ空港に到着。フランスの"食"を巡る旅の始まり。どんな出会いが待っているのか期待に胸が躍った。

Bordeaux
ボルドー
ソーニオンのチョコレート

フランス南西部の中心都市ボルドーへ。ボルドーワインはあまりにも有名。朝市を覗いた後、有名なチョコレート店ソーニオンへ。当時の名物はワインのコルク形をしたチョコレート。コルク形のガナッシュをアーモンドのヌガーでサンドしたものに、チョコレートをかけ包装してある。ヌガーが香ばしく、ガナッシュの味を引き立てている。洗練された美しさと手作りの温かみを併せ持つチョコレートに感激した。

ボルドーといえば女子修道院で古くから作られているお菓子カヌレも有名。朝市で食べたカヌレは特別に美味しかった。

ボルドー朝市のカヌレ

若き日のティエリー氏（ソーニオンのオーナーパティシエ＝左）と

サン・テミリオンのマカロン屋さん

サン・テミリオンの街

Bordeaux
サン・テミリオンのマカロン

　ワインの名産地サン・テミリオンで観光とお菓子屋さん巡り。老舗(しにせ)のマカロン専門店ナディア・フェルミジェを訪ねた。1620年に作られた門外不出のレシピで今もマカロンを作り続けている名店だ。見た目は素朴。でも一口味わってびっくり。アーモンドの香ばしさと少し粘っこい食感が見事だ。アーモンドの香りの強さに驚く。オーナーのナディアさんが手作業でマカロンを作っていたので、材料のアーモンドを見せていただいた。

　本場のマカロンとの最初の出会いは、ここサン・テミリオンだった。ところで、サン・テミリオンの赤ワインは、牛肉の赤ワイン煮を作るときにオススメだ。最後に全体の味をまとめるのに最適で、風味がグンとよくなる。もちろん、料理と一緒にいただくのも格別に美味しい。

Région de Dax
ダックス地方のダックワーズ

　ボルドーから南へ下りダックス地方へ。今回の旅のお目当てビスキュイ・ダックワーズの発祥地。当時、私はダックワーズに魅せられていた。アーモンドパウダーと粉糖(ふんとう)をメレンゲと合わせて焼いた生地で、クレーム・オ・ブール(バタークリーム)をサンドしたお菓子。バタークリームのリッチな味わいは、この上ない美味しさだ。

　ダックスのお菓子屋で出会ったダックワーズは、直径20cmくらいの丸型アントルメ(ホールケーキ)。マジパンでリボンを作り、真ん中に飾ってある。なんとも可愛らしい。ようやく本場のダックワーズに出会えた喜びで、胸がいっぱいになった。

サン・テミリオンのぶどう畑

ダックワーズ

オーベルジュ・ドゥ・ラ・
ガリューブのディナー
アンダルシア風ガスパチョ

マレンヌの牡蠣と
アキテーヌ・キャビア

バスク漁師の
マグロの切り身

Bayonne

バイヨンヌでフルコース

バスク地方の中心都市バイヨンヌへ。スペイン色の強いこの都市は、フランスにおけるチョコレート発祥の地といわれている。ガトー・バスクやチョコレート、生ハムなどが有名。早速、地元のお菓子屋へ。店内はチョコレート菓子でいっぱい。ガトー・ベレ、ガトー・バスク、ガトー・バスク・ショコラなど。チョコレートそのものにナッツをトッピングしたものなど、バイヨンヌらしい売り方が新鮮だった。

夕食は当時の名店オーベルジュ・ドゥ・ラ・ガリューブでフランス料理のフルコースをいただく。スタートはアミューズグール(グジェール、パイスティックの盛り合わせ)とオリジナルのカクテルをいただきながら、今夜のメニューをチェック。全9品のフルコース。アキテーヌ地方のキャビアをのせたマレンヌ産の牡蠣、バスク漁師のマグロ、オッソー渓谷の羊のチーズなど、バスク地方の名産物が並んでおり、メニューを読むだけでも楽しい。

地元の食材をふんだんに使った伝統的なフランス料理だ。真心の込もった自然体の料理に、心と身体を癒やされた。

```
2001.6.29　ディナー　750フラン
○白ワイン：ジュランソン辛口(ドメーヌ・コアッペ
　　2000)
○赤ワイン：マデイラン(ドメーヌ・ラブランシューラッ
　　フォン1997)
○ガリューブのカクテル
　　チーズ・グジェール(焼き菓子付き)
○アンダルシア風ガスパチョ
○マレンヌの牡蠣とアキテーヌ・キャビア
　　貝類汁のジュレ付き
○バスク漁師のマグロの切り身
　　アングレの甘い小緑唐辛子付き
○温かく料理した南西部のフォアグラ
　　柑橘類入りリンゴと干しブドウの鋭く甘いソース付き
○カルターニャ地方の焼いた小乳羊
　　2つの羊のバラ肉つき
○オッソー渓谷の雌羊のチーズ
　　私の子供時代からのスイカのジャムつき
○トウーロン・パルフェとプラリネリュッス
○カフェとミニャルデーズ(チュイルなど)
```

カルターニャ地方の
焼いた小乳羊

ミニャルデーズ

カフェ

ビアリッツの海岸

アンリエット

ビアリッツの街

Biarritz
ビアリッツ ガトー・ベレ

ベレー帽の形をしたチョコレート

　バスク大西洋岸を走り、海沿いのリゾート地ビアリッツへ。人気の避暑地で、南仏とはまた違った魅力に溢(あふ)れている。洗練されたお洒落(しゃれ)な町。

　有名なバスク織のショップ、ヘレナでテーブルクロスを購入。海岸にあるレストランでは、取れたての鰯(いわし)を焼いていた。大西洋の荒波にもまれた鰯は、身も顔も引き締まって日本の鰯とは違った味わいだった。

　ビアリッツには美味しいお菓子屋やレストランが多い。特にチョコレート専門店アンリエットのガトー・ベレは、味に深みがあった。パリのチョコレートは洗練された美味しさだが、バスク地方のチョコレートは素朴で、チョコレート自体の味と香りに力強さがある。どちらも美味しい。他にも、マジパンを使った羊羹(ようかん)のようなお菓子トゥロンはアーモンドと粘度の濃い食感と甘さが特徴だ。

Saint-Jean-de-Luz
サン・ジャン・ド・リュズのマカロン

　海辺の町サン・ジャン・ド・リュズへ。のどかな雰囲気でくつろげる。マカロンで有名なアダムにやってきた。素敵なお菓子屋で、客もいっぱい。素朴ながらびっくりするほど美味しいマカロン、歴史も伝統も見事な名店の一つだ。この土地は料理も抜群に美味しい。例えばバスクの代表的な料理シピロン。カラマールという小さめで柔らかい種類のイカを使っている。トロッとしたイカとイカスミソースのマリアージュは、忘れることのできない味わいだった。

ガトーバスク ショコラ

バスクの銘菓トゥロン

ガトーバスク スリース

バスクのチョコレート屋さん

エスペレッドの街並み
ピメントの絵

ピメントの料理本

Étalé エスペレッドの唐辛子

　バスク地方の旅の最後は、唐辛子の町エスペレッドへ。地元で取れる唐辛子を使ったピメントパウダーはA.O.P（フランスの産地品質保証）で認定され、味に定評がある。バスク風と書いてある料理には必ずといっていいほど、エスペレッドのピメントパウダーが使われている。仕上げにふりかけて、可愛く仕上げてあるものが多い。町全体もピメントの赤と唐辛子で窓辺が飾られている。
　バスク山間の愛らしい町作りが印象的だった。

Paris パリ　リッツ研修

　旅の最後は、リッツ・エスコフィエで研修に臨むため、パリへと向かった。実際に現地の食材を使って実習することで、日本の食材との違いを肌で感じることが大きな目的。例えば、フランスの小麦粉は漂白していないので薄黒い。細かく挽かれていないので手触りもザラザラして粉の良い香りがする。バターは室温に出しておいても溶けてこないというように、明らかに日本の食材とは違っていることが分かる。
　リッツで初めての研修で、メニューにはスコーン、マカロンの2種類を選んだ。リッツからのお薦めでラズベリーのお菓子「オートゥイユ」も1台製作。約3時間の実習後は、リッツホテルの従業員食堂でランチをいただくという楽しいスケジュールだった。
　日本の食材を使って美味しいフランス菓子を作るために、私の教室では器具の選び方、使い方、原材料の選び方、混ぜ方などあらゆる角度で工夫を凝らして、実習している。リッツでの貴重な体験を今後に生かしたいと心に誓い、第1回目の研修旅行を締めくくった。

オートゥイユ

スコーン

フランス食巡りの旅

🇫🇷 第4回研修旅行

南仏プロヴァンス

📋 **旅のルート**
ニース → エズ → モナコ → サンポール → ニース → エクス・アン・プロヴァンス → マルセイユ → アルル → レボー → ラムーラン → アヴィニョン → モンテリマール → ル・ピュイ → イッサンジョー → リヨン → パリ

　4回目の旅は南仏プロヴァンスへ。開放感溢れるこの地域は、地中海で採れる海の幸、温暖な気候で育つ地元の野菜やオリーブ、フルーツなど、とびきり美味しい食材で溢れている。

Nice
ニース
地元野菜とオリーブ

　ニースの朝市からスタート。出始めのセップ茸、ラベンダーの蜂蜜、オリーブにタプナード、南仏の魅力溢れる食材が並ぶ。私の教室ではフランスの惣菜トゥレトゥールを実習しているが、ニース風サラダもその一つ。ニースの市場に立ち、南仏の自然の恵みがこのサラダに集約されているのを実感した。

　温暖なこの地方では、オリーブがあちこちで栽培されている。どのレストランでもオリーブオイルが運ばれてくる。その新鮮で美味しいこと。フガスという南仏特有のパンにも、たっぷりとオリーブオイルやオリーブの実が入っている。そこにタプナード（オリーブのペースト）をつけて食べる。オリーブが生活の一部だと感じた。

ふんだんに積まれたオリーブ

ニースの朝市名物
ソッカ

フガス

ピサラディエール

赤い屋根の間から見える地中海

スープピストーを作っている

厨房の窓辺も素敵

Ez Village
エズ村 シェーブルドール

　中世から要塞都市として海からの攻撃と戦ってきた「鷹の巣村」エズへ。ニースとモナコの中間に位置し、崖から垂直に望む「絶景の地中海」が有名。名所の洞窟に隣接して植物園があり、その向かいに小さなレストランを見つけた。中へ入ると、奥行きがあり広い大きなレストランだった。厨房では若い料理人さんが、地元の野菜や豆などをたっぷり使ったスープ・ピストーを仕込み中。手招きされ厨房に入ると、窓から外を見るように言われた。覗いてびっくり、赤いレンガ屋根の間から、一面に紺碧の美しい地中海が広がっていた。

　エズ村の後、モナコ、サン・ポール・ド・ヴァンスを観光。エズに戻り夕食はミシュラン2つ星シェーブルドールにて。夕暮れ時のエズは静かだ。洞窟がライトアップされ幻想的な雰囲気の中、断崖絶壁に建つテラス席へ通された。地中海を見渡しながらアペリティフ（食前酒）を飲み、生演奏に酔いしれるひととき。床がガラス張りで雲の上に浮いているよう。粋な演出にフランス人の心意気を感じた。

シェーブルドールでのディナー

夕暮れのレストラン シェーブルドール

メイン料理
パン生地で包んだ牛ヒレ肉

南仏名菓
松の実のサブレ

南仏名菓
松の実のタルト

エクス・アン・プロヴァンスの朝市で売られているニンニク

Aix-en-Provence
エクス・アン・プロヴァンス
ミラボー通り

　学生の街、エクス・アン・プロヴァンス。セザンヌの絵画で有名なサント・ヴィクトワール山を左手前方に見ながらプロヴァンスの街中へと入った。ミラボー通りのプラタナスの並木道を歩くと途端に風景が変わり、南仏へ来た実感が沸いてきた。早速小さいながらも充実した朝市へと向かう。特にオリーブオイル漬けのオリーブのフレッシュさに感動。オリーブを潰してアンチョビ等と一緒にペーストにしたタプナードも美味しそう。ドライトマト入りなど種類も豊富で南仏の食材に溢れていた。

Marseille
マルセイユ
ブイヤベースとナヴェット

　ジブラルタル海峡を望む港町マルセイユへ。他の南仏の街とは違う異国情緒が漂っている。有名なブイヤベースはここの伝統料理。岩場の藻や海藻を食べて育つ磯魚を使ってスープを作り、エビやホタテ貝、魚等を煮た料理だ。ジャガイモとアイオリ（ニンニクマヨネーズ）を添えるのが定番。南仏はニンニクも香り豊かで美味しい。

　名物菓子店フール・デ・ナヴェットで、プロヴァンスの名産ナヴェットを購入。船の形の乾パンのようなお菓子。オレンジの花から抽出した精油を使用したオレンジフラワーウォーターで風味付けしている。その昔、長い航海に持っていく菓子として考えられたという。8cm×3cm位の大きさのナヴェットが所狭しと積まれていた。世界中に発送するとのこと。香料のオレンジ味が爽やかで、シンプルな味わい。

マルセイユの街

フール・デ・ナヴェット

魚介たっぷりのパエリア

ボーマニエールの厨房

レボー村

Lebow Village
レボー村
ボーマニエール

　ゴッホゆかりの地アルルを観光後、ミシュラン2つ星レストランのボーマニエールへ。レボーの山中にあるオーベルジュ（レストラン付きホテル）。野菜だけのプロヴァンス風ランチをいただいた。

　大きなプラタナスが生い茂る木陰にエレガントなテーブルセッティングが施され、木漏れ日の中での食事。インゲン、マントンのレモン、トマトのスープ、セップ茸（だけ）など、地元の野菜料理が美味しくて夢のようなひととき。フランスの地方に点在する美味しいレストランには、自家用ヘリコプターで客が食べに来る。

　その夜は一転、レボーの農家風オーベルジュ"マス・デグレ"に宿泊。夕食には、カマルグ平野で育った牛を調理した有名な料理ドーブ・ド・プロヴァンサルをいただいた。この料理は、お百姓さんが畑仕事に出かける前に、鍋に仕込んで暖炉につるし、帰宅すると美味しく煮えている、という手間要らずの料理だ。材料も牛肉、人参、玉葱、オリーブ、オレンジの皮、地元の白ワイン等。いかにも南仏の煮込み料理だ。廃墟の町レボーの山の中にあるこのオーベルジュ、灯りを灯しての屋外ディナーは、ロマンチックというより、私たちのテーブル辺り以外は真っ暗だった。

　翌朝いただいた焼きたてのクロワッサンは、バターの香りいっぱいでふっくら軽い食感。昨夜同様に庭での朝食。美味しい空気と鳥のさえずりもご馳走だ。地元の食材を使った朝ごはんは最高！チーズ、蜂蜜、卵、何種類ものパンとフルーツで充分に満たされた。

　古代ローマの土木技術の驚異ポン・デュ・ガール水道橋、アヴィニヨンを経てヌガーで有名なモンテリマールへと向かった。専用バスの運転手さ

ボーマニエール デセール

クレープシュゼット

南仏郷土料理
ドーブ・ド・プロヴァンサル

朝食のクロワッサン

147

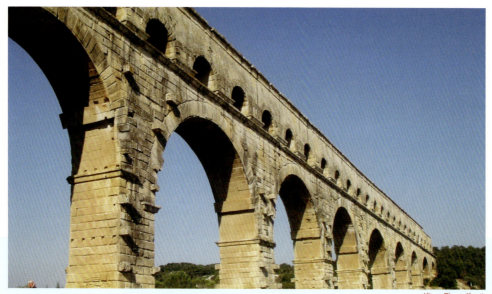
ポン・デュ・ガール

んはフィリップさん。フランス育ちのイギリス人紳士だ。ニース空港からずっと一緒、皆さんとも打ち解けて楽しい旅の相棒となっていた。

Isanjo
イッサンジョー
国立製菓学校での研修

国立製菓学校での実習研修へ。国立製菓学校は、フランス政府がイッサンジョー村の城を買い取り、プロ向けに作った学校。宿舎に1泊して翌朝お菓子研修を行う。

一番の楽しみは、地元の方が作ってくれる食事だ。夕食はスタッフ、校長先生揃って皆でいただく。サラダの盛り合わせ、仔牛のブランケットなど地元の食材を使い、真心の込もった料理。移動の多い旅行中の身体と心がほぐれた。食後は明日の研修の打ち合わせと準備。

朝食を終え、お菓子研修が始まった。先生は製菓学校専属の若きパティシエ、ディロック・ブ

Montélimar
モンテリマール

ラベンダーの蜂蜜と、砂糖、メレンゲ、ナッツ、ドライフルーツなどを合わせて作る、この地方の伝統菓子、モンテリマール。少し粘っこい食感とナッツの香ばしさ、ドライフルーツの爽やかさが特徴だ。材料は全て南仏の特産品を使っている。町のあちこちにモンテリマール工場がある。工場隣のお菓子屋に立ち寄った。バトー・オ・マロン（栗のムースタルト）が素晴らしかった。特別な有名店ではなくても、美味しいお菓子に出会えるのが嬉しい。

南仏名菓
フルーツの砂糖漬

イッサンジョータ食
サラダ

デセール

ブランケット・ド・ヴォー

イ氏、24歳。熱意に燃える眼差しが印象的。メニューはオレンジ風味のショコラのパウンド、リムーザン風チェリーのクラフティー、ボンボンショコラ、チョコレートのタルト、チョコレートのムースと盛りだくさん。次々と実習をこなし、充実した時間と内容だった。

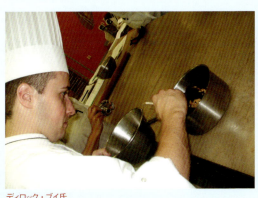
ディロック・ブイ氏

実習風景

オレンジ風味
チョコレートのパウンド

チョコレートのタルト

リムーザン風クラフティー

Voyage d'étude

フランス食巡りの旅

■ 第16回研修旅行

ミディ・ピレネー ペリゴール地方

旅のルート
トゥールーズ → カオール → サン・シール・ラポピー → アルビ → ロックフォール村 → アルビ → ロカマドゥール → サルラ → アジャン → トゥールーズ → パリ

2015年夏、長年の憧れの地であるフランス南部の都市カオールへと向かう。独特の赤ワインと美しい軍事橋ポン・ヴァラントレで有名な場所だ。ミディ・ピレネー地方には、カオール、ロックフォール、アルビなど美しく魅力的な町が数多く点在している。フランスの田舎町はどこへ行っても独特の雰囲気がある。ひまわり畑、プルーン畑、ぶどう畑が一面に広がり、農業王国の貫禄を感じた。

Cahors

カオールの赤ワイン

見晴らし台からカオールの街を見下ろすと、ロット川がレンガ色の町を取り囲むように流れている。中世軍事橋の典型、美しいヴァラントレ橋が川を見下ろすように佇んでいる。この橋は世界遺産である北スペインのサンティアゴ・デ・コンポステーラの巡礼路でもある。巡礼地独特のホタテ貝の絵が、道路にも建物にも描かれている。

カオールは、独特の赤ワインが名産だ。別名「黒のワイン」と呼ばれるほど濃厚。この日は、ロット川を眺望するシャトー・メルキュエスに宿泊。

見晴らし台から見たカオールの町（案内板）

巡礼路のホタテ貝

カオールの赤ワインのオブジェ

シャトー・メルキュエス ワインカーブ

シャトー・メルキュエス

アルビのカスレ

シャトーの周りをぐるっと取り囲むぶどう畑。ここで採るぶどうで作られたシャトーのカーブ（貯蔵庫）が見事だった。

世界遺産都市アルビへは2度目の旅。「カスレにはカオールの赤ワインが良く合うよ」。毎夏日本で講習会を開いているパリの「パティスリー・ミエ」元シェフパティシエのドゥニ氏がおっしゃった一言が忘れられず、いつかカスレと一緒にカオールの赤ワインを飲んでみたいと思い描いていた。

カスレとはこの地の郷土料理で、白インゲン豆と鴨、豚肉、ソーセージなどを一緒にじっくり煮込んで作る煮込み料理のこと。とろっとした豆と肉の味わいが感動的で忘れられない。カオールの濃厚な赤ワインと相性もぴったり。ジェジェ（カモの砂肝）のサラダも絶品。アルビを訪れる際には、絶対に外せない一品だ。

料理と一緒に飲んだワイン

カスレ

ジェジェのサラダ

青い胡桃

胡桃の木

実習した胡桃のケーキ

Sarula
サルラの胡桃農家と鴨農家

　ペリゴール地方の美しい町サルラ（サルラ・ラ・カネダ）へ移動。私の教室では、サルラの胡桃を使ったお菓子を数多く作っている。訪れてみたいと長年思っていた。南西部ペリゴール地方は、胡桃、鴨、フォアグラで有名な地。サルラは中世の建物が立ち並び、まるでタイムスリップした感じだ。

　胡桃農家へと向かう。週末に地元のマルシェで胡桃のお菓子を販売しているとのこと。倉庫のような工場でご主人に胡桃のお菓子を教えていただく。材料は砂糖、小麦粉、胡桃、バターのみ。作り方もごくシンプル。試食で一口いただいたら衝劇的な美味しさだった。まさに「食材の力」。

　胡桃畑を見学した。そこは広大な山。美しい胡桃畑だった。まだ青いアーモンドのような胡桃の実を、木から採って見せて下さった。ここから皺ができて私たちの知っている胡桃の殻になるそうだ。祖先から受け継いだこの広大な胡桃畑と山々を淡々と守っているご主人に脱帽。フランスの豊かな農業はこうして脈々と後世に受け継がれていく。

　ランチは鴨農家のレストランを予約していた。フランスは各地に農家レストランがあり人気だ。生産者が自分の育てた野菜、牛、鶏、鴨などを料理してレストランを営んでいる。そこでしか食べられない美味しい料理を求めて、各地から人々がやってくる。メニューは、野菜のスープ、フォアグラのテリーヌ、ジェジェのサラダ、鴨のコンフィ、テリーヌランデーズと鴨づくし。テラス席での食事は胡桃畑に囲まれ、放し飼いの鴨たちを見ながらいただく。美味しい空気、爽やかでやさしい風、料理の香り。

ここでもジェジェのサラダ

チーズと胡桃

フォアグラのテリーヌ

テリーヌランデーズ

胡桃のケーキ

　野菜のスープは、地元の素朴な野菜がふんだんに入っているなという感じ。テリーヌそれから主菜の鴨のコンフィ。こんなにやさしくてふっくらとしたコンフィは初めてだ。これも食材の力。最後のテリーヌランデーズは圧巻だった。ジャガイモの美味しいことといったらない。テリーヌランデーズとは、ジャガイモとフォアグラを幾重にも重ねてテリーヌにしたフランス南西部ランド地方の伝統料理だ。主役はジャガイモ。農業と大地の豊かさ、代々受け継ぐ人々に毎回感動してしまう。

Rockfall Village
ロックフォール村の青カビチーズ

　世界三大青カビチーズの一つロックフォールは、ここロックフォール村で生まれた。その歴史は古く、紀元前にもさかのぼるとのこと。現代の高層ビルほどの高さもある石の洞窟で偶然にできたものらしい。洞窟の中ではプロジェクターと音響を駆使して、チーズ伝説を観光客に伝えていた。ファンタジックで分かりやすい演出。

　当時のフランス国王シャルル6世は、ロックフォール村の青カビチーズの製法に独占権を認めた。これが15世紀のこと。のちにロックフォールの製法が法的に保護されるようになりました。

鴨のコンフィ

ロックフォールチーズ

ロックフォール村

洞窟内部

ロックフォールチーズに使われているパンと青カビ

　ロックフォールの青カビチーズは、洞窟内の微妙な亀裂が空気の通り道となり生まれたという。近隣でも青カビチーズが作られているが、他の環境では同じものができないのだ。
　周辺の名産である、サルラの胡桃、アジャンのプルーン、カオールの赤ワインなどともよく合う。この地方へ旅したからこそ納得できたフランス食文化の成り立ちだった。

プルーンのペーストが詰めてある。アルマニャックとは、近くのアルマニャック村で作られている独特の良い香りのブランデーのこと。サルラで食べたフォアグラのテリーヌはこのブランデーで香り付けされている。アジャンのプルーン、アルマニャック、サルラのテリーヌと食材で繋がる地元の料理は興味深い。
　これだからフランス食の旅は楽しい。

Agen
アジャンのプルーン

　市場で買い求めたアジャン産のプルーン、プリュノ・ダジャンのタルト。アメリカ産の倍の大きさはあるプルーンがいっぱい入っていて、美味しい。果肉が柔らかくて味が濃いのが特徴だ。
　アジャン名産のお菓子プリュノ・フーレも有名。種を取り除き、アルマニャックで味付けした

アジャンのプルーンのタルト

カオールの街並み

カモ農家

フランス食巡りの旅

■ 第17回研修旅行

アルザス地方

旅のルート
アムステルダム → ストラスブール → デュルランジャン → ストラスブール → スフレンハイム → サンピエール・ボア → リボーヴィレ → リクヴィル → ニーデルモルシェヴィル → コルマール → イルハーゼン → コルマール → マンステール → ハウゼン → バーゼル → パリ

17回目の旅は、フランス北東部のアルザス地方へ。ドイツ、スイスと国境を接し、見所も多く今回で3度目。アルザスを愛する人々との心のつながりに、深く感動する旅となった。

Strasbourg
ストラスブール フランス菓子フォレノワール

アムステルダム経由でストラスブールへ。ノートルダム大聖堂の見晴らし台から、ドイツの森林地帯シュヴァルツヴァルト（黒い森）を望むことができる。この森をイメージして作られた有名なお菓子がフォレノワールだ。お菓子を習い始めた頃から、どんな場所か行ってみたいという思いがあった。今回はシュヴァルツヴァルトで1泊する予定。長年の夢が叶う。

ストラスブールはドイツ色が強い。中でも、木骨組（もっこつぐみ）の家並みが残るプティットフランス地区は美しい。世界遺産の運河沿いには、レストランやカフェが軒を連ねている。旧市街のレストラン ル・クローで食べたアルザス料理バエコッフ、シュークルートは、口の中でとろけるような豚肉の美味しさが詰まった一品。それは見事な伝統料理だ。

ストラスブール大聖堂

アルザスの美しい運河沿い

レストラン ル・クロー

ストラスブール運河からみた街並み

シュークルート

フリーマーケットで買ったクグロフ型

ギイさん

ギイさんの作品
アルザスの少女

Alsace アルザスのギイさん

ストラスブールから走り、アルザスの風物を描くイラストレーター、ギイ・ウンテルライナーさんのお宅へ向かった。「家庭で作るこの地方の伝統菓子クグロフのデモンストレーション」をお願いしていた。ギイさんは「ジャムの妖精」と呼ばれるパティシエール、クリスティーヌ・フェルベールさんの本の挿絵や、飾り物などを描く作家。以前はパティシエだったそう。人柄も気取らないやさしい方だ。

クグロフの生地を皆で仕込み発酵させている間に、地元のレストランでランチへ。この地方の家庭では、自家製クグロフを気軽に楽しんでいる。パン生地にベーコンやレーズン、チョコレートなど好みで加えている。暮らしの中のパン菓子だ。山あいの地元レストランはお洒落な佇まい。客で賑わっていた。

食後、地元のフリーマーケットを覗く。皆さんとっても楽しそう。直径30cm位の大きなクグロフ型を5ユーロで購入。おまけまでつけてくれて、楽しい買い物だった。旅では即断即決。物との出会いとタイミングを大切にしている。各地で出会った旅のお土産は、教室に飾って楽しんでいる。

アトリエに戻り生地をオーブンで焼き、焼き立てのクグロフを外のテーブルに飾って試食。

クグロフ生地をこねる

出来上がったクグロフ

スフレンハイム
街の入口

アルザスの白ワインで乾杯！ 白い陶器の水差しの底にひびが入っているらしく、グラスに注ぐ度に水がこぼれて皆で大爆笑。本当に楽しい一日だった。

Flemingheim
スフレンハイム　アルザス街道

　陶器の町スフレンハイムには、アルザスの可愛い陶器の店が軒を連ねている。この地方では、お菓子の型も陶器、料理の鍋も陶器。作りたてをオーブンからそのまま食卓に運び、取り分けていただく。店ごとに色や柄、形に特徴があって楽しい。黄色の蓋(ふた)つきオーバルココット(耐熱性容器)を2つ購入した。

　アルザスのワイン街道、ヴォージュ山中へ。コウノトリが巣を作る村リボーヴィレや、「アルザスの真珠」と言われる美しい村リクヴィル、山中のリキュール工場を見学。ワインカーブのベッカーで試飲したミュスカデは、爽やかでフルーティー。樽の香りも初々しい印象的なアルザスの白ワインだった。

スフレンハイムの
可愛い陶器屋さん

フランボワーズのジャムを炊く
フェルベールさん

ギイさんの絵を持つフェルベールさんと

Bas Morschwear

メゾン・フェルベールで研修

　フェルベールさんの工房メゾン・フェルベールでタルトとジャムの研修。一日の仕事を全て終えてから、お菓子研修のために時間を割いていただいた。まずはフランボワーズ（ラズベリー）のジャム作りから。これに使うフランボワーズは、近所の農家で特別に摘んでもらっているそうだ。美味しいはずだ。煮ている間に、フェルベールさんオリジナルのリンツァータルトを実習。前もって仕込んでおいたフランボワーズのジャムを生地の上にたっぷりのせて、その上に格子模様やハート型にくり抜いた生地を置いて焼いていく。その合間に、エスカルゴのブリオッシュと仔牛のパイをあっという間に作って下さった。

　焼き上がったタルトやパイを地元のアルザスワインと共に試食。リンツァータルトは、ジャムの酸味とシナモンの香りが相性良く、さっくりとした食感。エスカルゴのブリオッシュは、エスカルゴバターがパン生地に染み込んで美味しかった。

　メゾン・フェルベールは、代々受け継がれてきた地元で愛されるお菓子屋さん。クグロフ、クッキーなど焼き菓子のほか、タルト、パン類、チョコレート、ジャムなどを販売。アルザスの陶器や置き物、飾り物が壁、天井、柱に可愛らしくディスプレーされて、アルザスらしい温かみ溢れるお店だった。客がひっきりなしにやってくる。帰り際、私たちがイルハーゼンにあるミシュラン3つ星レストラン、オーベルジュ・ド・リルへ行くと知って、シェフのマルク氏宛てに自作のジャムを預かった。アルザスを深く愛する人々の強い絆を感じた。

フェルベールさん
のリンツァータルト
ハート型

エスカルゴの
ブリオッシュ

メゾン・フェルベールの可愛い店内

オーベルジュ・ド・リルの庭とレストラン

仔羊のロッティ

プチデセール

Ilhasen
イルハーゼン オーベルジュ・ド・リルでの夕食

　50年間もミシュランの3つ星を取り続けているアルザスの名店オーベルジュ・ド・リルで夕食。恩師の石丸勝磨シェフが、以前スーシェフを務めていた名店。気取らず自然体で、素敵なレストランだ。池のほとりのテーブルでお料理をいただく。うっそうと茂った木々がライトアップされ、幻想的な演出。

　主菜に仔羊のロッティを選んだ。ふっくらとした見事な焼き具合から、料理人の真心が伝わってきた。自然の中で採れた食材と料理が見事に調和していた。食材への愛と敬意が食べる人に伝わるものだと学んだ。

Munster
マンステール

　ドイツとフランスの国境ヴォージュ山脈に位置するマンステールへ。チーズで有名。マンステール渓谷を登り辺りを一望できる場所に農家オーベルジュ「ザルツバッハ」があった。ランチをいただく。自家製のマンステールチーズを作っているとのこと。アルザスビールをパテのパイと一緒に。続いてジャガイモ料理、自家製チーズをのせオーブンで焼いたシンプルな料理。自家製ベーコンにジャガイモを添えた一皿が出てきた。豚肉も驚くほどジューシー。

　デザートはお目当てのシエスカス。朝絞った生乳がチーズになる前のほわほわとした塊だ。夜になると固まってしまうので、この食感はランチだけのお楽しみ。砂糖とサクランボの蒸留酒キルシュをたっぷりかけていただく。キルシュの度

マンステールチーズ

農家オーベルジュ・ザルツバッハ

地元の客が豚の煮込み料理ベッコフを楽しむ

シエスカス

豚肉の塩漬け

数が高いので、かけ過ぎると酔っ払ってしまう。隣のテーブルは地元の客。それぞれ好きなお酒を持参していて、シエスカスにかけてみたらと薦めてくれた。西洋梨のお酒ウィリアムポワール、木いちごのお酒フランボワーズオー・ド・ヴィなど思い思いに楽しんでいた。地元の美味しい農家のレストランは楽しさで満ち溢れていた。

卵料理、自家製パン、自家製のお菓子など、所狭しと並べられていた。美しくセッティングされたテーブルでいただく朝ごはんが、一日の中で最も好きな時間だ。

スイスのバーゼル(スイス、ドイツ、フランスの3国国境が接する)からフランスの新幹線TGVに乗り、パリのリヨン駅へと向かった。

ハウゼン

夕刻、憧れのドイツ黒い森シュヴァルツヴァルトへと向かった。森の南に位置するホテル・シュヴァルツバルト・アドラーに宿泊。

ウェルカムドリンクの地元スパークリングワインはフレッシュでフルーティー。夕食以上に素晴らしかったのは朝ごはんだった。絞りたてのフレッシュジュース、地元の乳製品、蜂蜜、ジャム、

ホテル・シュヴァルツヴァルト・アドラー

朝食の自家製パン

ホテルの優雅な朝食

感謝を込めて

　これまでどれほど多くの素晴らしい出会いに恵まれたことでしょう。"イル・プルー・シュル・ラ・セーヌ"の弓田亨先生、"パティスリー・ミエ"元シェフパティシエのドゥニ・リュッフェル氏、"石丸館"の故石丸勝磨先生。先生方から学んだこと全てが、私のフランス料理とフランス菓子の原点、そして基礎であることは言うまでもありません。また、教室の生徒さん、お客様方の笑顔に支えられながら20年間教室を続けることができたことに、心から感謝しています。

　フランス菓子に出会った頃、3人の子どもの子育て真っ最中でした。毎日を無事に過ごすことで精いっぱい。どうしたら日々の暮らしと子育てを楽しめるかと考えました。自分が取り組めること、それは毎日の料理でした。
　そんな時、驚くほど美味しいお菓子に出会いました。弓田先生の"クロワッサン・オザマンドゥ"。「本物」の美味しさに衝撃を受け、フランスの食の世界に魅了されました。フランス菓子とフランス料理を夢中で学びながら、自分の教室を開き、フランス各地を旅してきました。たくさんの出会いと感動に恵まれ、豊かな人生を歩むことができています。

　食＝人生を楽しむためのエッセンスに溢れたフランスの食の世界を、少しでもお届けできたら幸いです。

　最後になりましたが、本の出版にご協力いただいたカメラマンの大社優子氏、神奈川新聞社の小林一登氏にこの場を借りて深くお礼申し上げます。そして、私の一番の支えである家族にも、感謝の気持ちを届けたいと思います。

教室のスタッフ鹿間久美子さん、
栗原奈々さんと一緒に

Votre sourire, c'est la récompense pour ma passion de la cuisine et de la pâtisserie.

Eiko Morita

あなたのほほえみ、それは私の料理と
お菓子への情熱に対する報酬です。

　　　　　　　　　　　森田英子

著者略歴

森田 英子（もりた・えいこ）

愛知県出身

1988年より、イル・ブルー・シュル・ラ・セーヌ フランス菓子教室 弓田亨氏に師事。主婦として子育ての傍ら、フランス菓子本科、研究科、フランス料理、トゥレトゥールを学び師範Aを取得。

1995年　自宅でフランス菓子教室を開く。

1999年　横浜市元町に教室を移し、フランス菓子・料理教室EikoMoritaを主宰。
　　　　フランス菓子の製造販売をスタート。教室と販売を行う傍らで精力的にフランスへ渡り、フランス国立製菓学校、リッツ エスコフィエ、ジェラール・ミュロのほか、フランス各地のM.O.F（フランス国家最優秀職人章）パティシエに学ぶ。

2005年　「モトマチ塩プリン」を考案。テレビ、女性誌等に取り上げられ、横浜元町名物として支持を得る。

25年以上にわたり、"家庭でもできる本物のフランス菓子とフランス料理" "心も身体も喜ぶ食作り"をテーマに活動を続けている。

Eiko Morita のフランス料理教室　家庭で楽しむ魔法のダシ

2019年7月8日　初版発行

著　者　森田英子
撮　影　大社優子
編　集　小林敦子
　　　　小林一登（神奈川新聞社）
デザイン　小山亜紀子（DNA inc.）
発　行　神奈川新聞社
　　　　〒231-8445　横浜市中区太田町 2-23
　　　　電話 045（227）0850（出版メディア部）

○本書の記事、写真を無断複製（コピー、スキャン、デジタル化等）することは、法律で認められた場合を除き、著作権の侵害になります。
○定価は表紙カバーに表示してあります。
○落丁本、乱丁本はお手数ですが、小社宛お送りください。送料小社負担にてお取り替えいたします。

©Eiko Morita 2019 Printed in Japan
ISBN978-4-87645-595-9 C0077